Buffett & Cie !

Catalogage avant publication de Bibliothèque et Archives nationales du Québec et Bibliothèque et Archives Canada

Poulin, Pierre-Luc, 1962-
Buffett & cie! : investir selon des principes qui ont traversé l'épreuve du temps
(Autrement dit)
Comprend des références bibliographiques.
ISBN 978-2-89436-615-8
1. Investissements. I. Titre. II. Titre : Buffett et cie! III. Titre : Buffett et compagnie!
HG4521.P68 2015 332.6 C2014-942560-0

Nous reconnaissons l'aide financière du gouvernement du Canada par l'entremise du Fonds du livre du Canada (FLC) pour nos activités d'édition.

Nous remercions la Société de développement des entreprises culturelles du Québec (SODEC) pour son appui à notre programme de publication.

Gouvernement du Québec – Programme de crédit d'impôt pour l'édition de livres – Gestion SODEC.

Infographie de la couverture : Marjorie Patry
Mise en pages : Josée Larrivée
Révision linguistique : Amélie Lapierre
Correction d'épreuves : Michèle Blais

Éditeur : Collection *Autrement dit*
Les Éditions Le Dauphin Blanc inc.
Complexe Lebourgneuf, bureau 125
825, boulevard Lebourgneuf
Québec (Québec) G2J 0B9 CANADA
Tél. : 418 845-4045 Téléc. : 418 845-1933
Courriel : info@dauphinblanc.com
Site web : www.dauphinblanc.com

ISBN version papier : 978-2-89436-615-8
ISBN version numérique epdf : 978-2-89436-616-5
ISBN version numérique epub : 978-2-89436-617-2
ISBN version numérique mobi : 978-2-89436-618-9

Dépôt légal : 1e trimestre 2015
Bibliothèque nationale du Québec
Bibliothèque et Archives Canada
Données de catalogage disponibles auprès de Bibliothèque et Archives nationales du Québec.

Imprimé au Canada

Pierre-Luc Poulin

Buffett & Cie !

Investir selon des principes qui ont traversé l'épreuve du temps

Collection **Autrement dit**

Daniel Duchesneau

À Audrey et à Luhnasah.

REMERCIEMENTS

Je tiens à remercier…

… Alain, mon éditeur, qui a cru en ce livre dès qu'il a lu la version du « cours à distance » que je lui ai présentée. Son intérêt, son enthousiasme et la liberté qu'il me donne lorsque j'entreprends un projet est quelque chose que j'apprécie énormément.

… Sonia, ma chère directrice de production. Grâce à elle, les délais sont respectés, les communications sont efficaces et, chaque fois qu'un projet se termine, j'ai le goût d'en entreprendre un autre !

… Marlène, ma compagne de vie, qui grâce à ses encouragements, ses commentaires et son intérêt pour les sujets dont je traite me donne de l'énergie pour continuer, même si c'est le soir et que je suis un peu plus fatigué. Je fais mieux et plus rapidement grâce à elle.

… tous les étudiants qui ont suivi la version en salle et à distance du cours *Buffett et Cie*, de 2006 à aujourd'hui. Leurs commentaires, leurs questions, leur intérêt ont fait en sorte que je crois en l'idée de faire de ce cours un livre grand public. (Merci pour les petits mots que vous m'avez écrits lors de la remise de vos devoirs. Je les ai tous lus et je les garde précieusement.)

Table des matières

AVERTISSEMENTS

I) Les recherches, ratios et commentaires qui seront faits au sujet des différentes valeurs mobilières ne se veulent, en aucun cas, des incitations ou des conseils pour la vente ou l'achat de ces valeurs. Ce sont des exemples que j'ai choisis dans un but éducatif seulement.

II) Je suis actionnaire de Berkshire Hathaway depuis plus de dix ans. J'ai assisté à deux des réunions annuelles de la compagnie. J'y suis pour le long terme. Je ne prévois pas vendre de sitôt.

III) J'ai fait moi-même tous les calculs et les recherches inclus dans ce livre. J'espère sincèrement ne pas avoir fait d'erreurs, mais si tel était le cas, sachez que c'était non intentionnel et que, même si l'on vérifie tout à plusieurs reprises, il peut toujours se glisser une erreur. Soyez-en averti lorsque vous ferez vos recherches !

INTRODUCTION

> « Les leçons du passé sont seulement utiles dans la mesure où nous nous en souvenons. La mémoire sur le plan de la Bourse est remarquablement courte, comme l'histoire nous l'a souvent démontré. Avec tout mon respect pour ceux qui croient à l'efficience des marchés[1], selon mon expérience, la Bourse continue d'agir de manière un peu folle grâce aux investisseurs qui, malgré la fameuse tirade de George Santayana, continuent d'oublier le passé. »
>
> – WARREN BUFFETT

POURQUOI CE LIVRE ?

La première fois où j'ai entendu parler de Buffett, ça devait être en 1995. Le premier livre que j'ai lu à son sujet était *The Warren Buffett Way* de Robert Hagstrom[2]. D'ailleurs, c'était le premier livre de finance que je lisais à l'exception des lectures obligatoires qui sont demandées au baccalauréat ou lors des examens du Canadian Security Institute. J'ai littéralement dévoré ce livre. Et les premiers conseils de Buffett, « Tenez-vous loin de la Bourse » et « Ne vous inquiétez pas de l'économie », résonnent encore dans mon esprit, vingt ans plus tard. Cette « rencontre » a changé la manière dont je vois la Bourse et l'investissement.

Beaucoup de livres sur Buffett ont été écrits, dont la très grande majorité est en anglais. Quelques traductions en ont été faites. En tant qu'observateur et *fan* de l'homme, je me suis, bien sûr, empressé de presque tous les lire. Les années et les modes passent et je me rends compte, non sans surprise, que les principes et concepts véhiculés par Buffett sont encore utiles et d'actualité. Ils ont passé, et passeront, l'épreuve du temps.

Ils m'ont été utiles lorsque j'étais conseiller financier. Ils me sont utiles lorsque j'enseigne. Ils me sont utiles lorsque j'investis.

Une histoire vécue

J'ai été invité par une institution financière en tant que conférencier à son congrès. Ma prestation a duré cinq heures et portait sur les principes de Warren Buffett. Au début de mon allocution, j'ai bien remarqué l'un de ses conseillers, en retrait et les bras croisés, pas vraiment heureux d'être là, mais il n'avait pas le choix. Ça se produit régulièrement et j'ai appris à continuer comme si de rien n'était. Il était assis dans le fond de sa chaise tout le temps que je parlais de la vie et des « exploits passés » de Buffett.

Puis, un déclic s'est produit : quand j'ai entrepris la partie pratico-pratique, quand j'ai commencé à donner des exemples de compagnies connues, quand je suis entré plus en profondeur dans les ratios et l'explication de la « douve[I] », du coin de l'œil, je l'ai vu se rapprocher de la table et commencer à prendre des notes.

À la pause, il est venu me voir et me raconter qu'il « détestait » tellement les investissements boursiers et les fonds de placement qu'il avait annulé son permis de courtage en épargne collective et vendu tous ses investissements pour les placer dans des certificats de placements garantis à 1 %, investissant le reste de son argent dans des propriétés immobilières. Il avait acheté haut et vendu bas. Sans s'en rendre vraiment compte, il avait agi en spéculant sur la hausse des marchés sans vraiment comprendre ce qui se passait. Il avait perdu de l'argent, ses clients également, et il ne le « pardonnait pas » à la Bourse et à ce genre de choses. Fin de la pause.

Je continue mon exposé et mes exemples. Arrive la fin de la journée. Ce conseiller vient me voir et me demande : « Que penses-tu que je devrais faire avec 100 000 $? J'ai pensé à telle et telle compagnie pour telle et

I. Un avantage compétitif. Ce concept sera expliqué plus en détails à la page 79.

telle raison. » Ses yeux brillaient. Il comprenait mieux. Il n'était plus en colère contre le marché et ne l'avait plus en aversion. Il avait pris conscience de ses erreurs passées. Maintenant, il était prêt à revenir en tant qu'investisseur et non en tant que spéculateur qui ne sait trop pourquoi il fait ce qu'il fait. Sa vision et sa conception avaient été « altérées » par les principes mis de l'avant par Buffett.

C'est pour cette raison que j'écris ce livre. J'espère être en mesure de transmettre les principes que j'ai appris en lisant sur Warren Buffett. J'espère vous faire sourire, réfléchir et avancer sur le bout de votre chaise… tout en vous décroisant les bras.

QUI SUIS-JE ?

Je suis d'origine beauceronne, de mère enseignante et de père inventeur et entrepreneur, ouvert à la nouveauté. J'ai travaillé (oh ! surprise) dans l'entreprise familiale tout au cours de ma jeunesse jusqu'à la fin de mes études universitaires.

En mai 1987 (cinq mois avant le « lundi noir » du 19 octobre), j'ai officiellement fait mon entrée dans le domaine des fonds communs de placement (FCP). Peu de temps après, j'ai eu la « chance » de vivre une catastrophique baisse de 22 % en une seule journée boursière et une baisse totale de 36,2 % (l'indice Dow Jones a chuté de 2 722 à 1 738 au cours de cette période). Pour un jeune qui commence, on pourrait appeler cela un « test de foi » ! Je me souviens encore d'un gros titre en page couverture d'un journal de l'époque : *Le Dow à « 900 » à l'an 2000 ?* Je n'ai pas gardé la coupure du journal, mais je me souviens de son impact sur moi. Aujourd'hui, lorsque je regarde le graphique de sa progression depuis 1900, je souris toujours lorsque je regarde les années 87 et 88. Sur un graphique, c'est vite passé, un an ou deux, mais dans la « réalité de la vraie vie », ça peut paraître très long !

Tant qu'à avoir ce graphique sous la main, pourquoi ne pas en profiter pour vous indiquer la baisse de 2008-2009. Elle fut encore plus sévère : 53,8 % de baisse (de 14 164 à 6 547). Au cours de ces années, je n'étais plus conseiller ou planificateur, mais j'étais formateur. J'avais à être devant des étudiants et à leur parler des fonds et du marché. Les visages étaient longs et l'avenir ne s'annonçait pas rose. On n'en parle plus beaucoup dans les médias, mais le Dow s'est « replacé » depuis et il atteint en 2014 un niveau de 17 000, soit une hausse de 260 % par rapport à son creux de 2009 et 980 % supérieur à son plus bas de 1987. Une petite note en passant : il me semble que ça aiderait si l'on nous montrait ce genre de graphique historique une fois de temps en temps aux nouvelles, le soir, afin que nous puissions mieux comprendre l'impact des hausses et des baisses et ainsi les mettre en perspective, vous ne pensez pas ?

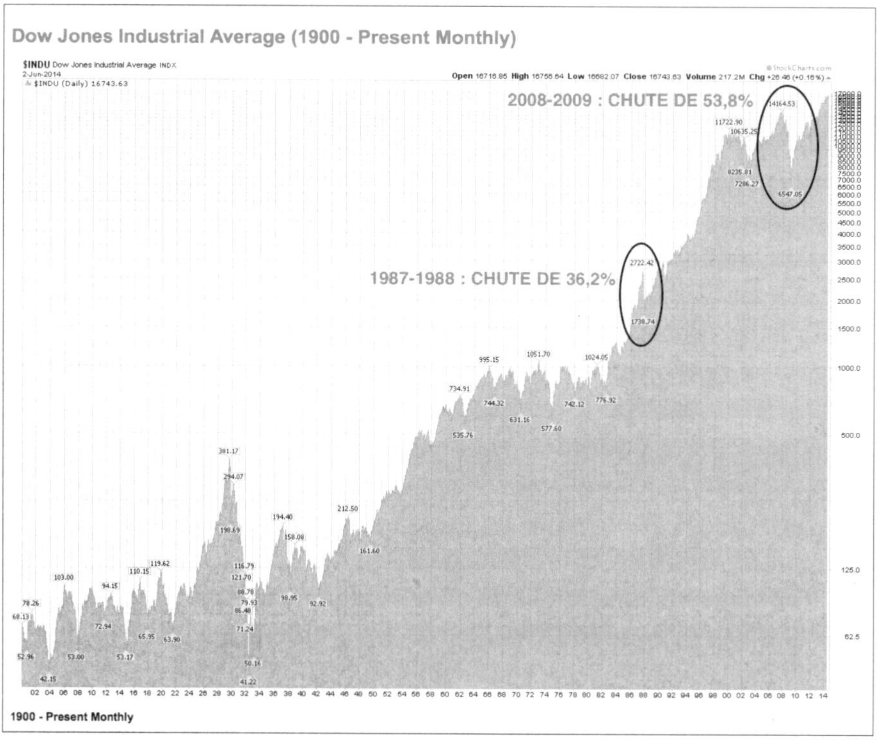

Graphique 1 – Indice Dow Jones[II] de 1900 à 2014 (Réimprimé avec la permission de StockCharts.com – Tous droits réservés.)

II. En anglais, *Dow Jones Industrial Average* (*DJI*).

Mes connaissances acquises au cours d'études en administration (baccalauréat) me semblaient insuffisantes si je voulais bien comprendre tout ce qui se passait. J'ai donc poursuivi mes études à l'Institut canadien des valeurs mobilières (aujourd'hui connu sous le nom de Canadian Security Institute – CSI) où j'ai suivi plusieurs cours avancés en finance, allant même jusqu'à devenir entraîneur pour les étudiants qui désiraient obtenir leur CCVM : **c**ours sur le **c**ommerce des **v**aleurs **m**obilières au Canada qui permet d'acquérir la formation que les employeurs exigent en matière financière.

Après avoir travaillé pour des institutions comme la CIBC, la Banque Laurentienne et la Fédération des caisses Desjardins, j'ai finalement décidé de me lancer à mon compte dans le domaine de la formation en 2001. Dans mes débuts, j'ai surtout fait du *coaching* et enseigné à de très petits groupes. Les cours que je diffusais avaient été créés par le CSI ou d'autres institutions financières qui m'engageaient. Puis est venue une demande de la Chambre de la sécurité financière qui m'a permis de faire le tour du Québec grâce à un cours, *Les pièges de la course aux rendements*, que j'ai eu le plaisir de créer avec un collègue de l'époque. D'autres contrats m'ont permis, au fil des ans, de continuer à faire ce que j'aime. Au cours des quinze dernières années, j'ai donc eu l'occasion d'enseigner à plus de six mille conseillers et planificateurs financiers.

J'avais déjà écrit des livres en 1995, 2001 et 2002, et je m'étais arrêté. Puis, en 2006, j'ai eu l'idée d'écrire des cours à distance qui comportent des unités de formation continue[3] (UFC) pour les conseillers et planificateurs financiers du Québec. Mon premier titre choisi fut, bien sûr, *Buffett et Cie*. À l'époque, je me suis même permis de joindre le bureau de Berkshire Hathaway, la compagnie de Warren Buffett, et de demander à sa secrétaire si c'était correct que je fasse un cours à son sujet et que je mette sa photo sur ma couverture. Elle m'a dit que tout était correct, à la condition que je ne laisse pas sous-entendre que c'est Warren lui-même qui autorisait ce cours.

À la suite de ce cours, j'en ai écrit d'autres, dont un sur le *marketing* web et les médias sociaux, un autre sur l'analyse technique et un autre sur l'analyse et les conseils en FCP. Puis, en 2013, je suis revenu dans le monde du livre. Mon ancien éditeur m'a ouvert grande la porte de sa maison d'édition pour *Le banquier qui avait laissé tomber les chiffres*. Lors de notre rencontre, je lui ai présenté mon cours sur Buffett et il a tout de suite montré son intérêt. Vous tenez entre vos mains le résultat de cette belle collaboration.

LES OBJECTIFS DE CE LIVRE

J'ai appris beaucoup en lisant Buffett, notamment que l'on peut traiter de sujets sérieux tout en faisant de la place à l'humour. L'un n'exclut pas l'autre. Et il l'a prouvé de nombreuses fois dans ses lettres aux actionnaires. Ça m'a inspiré et permis de me laisser aller lors de la rédaction des chapitres qui suivront. Vous remarquerez que le style ne sera pas toujours endormant, monotone et sérieux. Si vous avez lu l'une des lettres que Buffett écrit chaque année à ses actionnaires, vous saurez qu'un certain humour et une touche de légèreté permettent de mieux faire passer des messages qui peuvent parfois être arides. J'ai même traduit une histoire de chasse que j'ai pêchée dans l'un de ses rapports. C'est pour vous dire…

Il est illusoire de penser que de lire ou d'écrire à propos de Buffett fera en sorte que l'on « deviendra » Buffett ou que l'on imitera son succès sans égal depuis plus de 57 ans. Là n'est pas la question et, surtout, pas mon intention. Je me dis que, même si l'on ne peut imiter ou égaler quelqu'un, il y a toujours moyen d'apprendre de ses succès comme de ses erreurs. Après tout, il s'agit de l'une des principales méthodes d'apprentissage, après l'expérience (qui peut parfois coûter très cher) et l'enseignement structuré (où vous vous assoyez dans une salle de classe avec un prof à l'avant).

Nous essaierons ensemble de décortiquer les éléments de la méthode Buffett que nous pourrons imiter, copier, appliquer à nos portefeuilles et à notre façon d'envisager la fonction et le rôle d'investisseur.

À ce jour, j'ai compté plus d'une cinquantaine de livres qui ont été écrits sur Buffett. J'en ai lu plus d'une vingtaine. L'un d'entre eux, *Of Permanent Value*, contient plus de 1 700 pages ! Afin d'écrire ce livre de manière succincte et efficace, il m'a fallu faire la différence entre des faits intéressants et des renseignements utiles. Je ne voulais pas simplement raconter ses exploits et que vous ayez l'impression de contempler sa vie et ses accomplissements. Je n'ai pas voulu écrire une autre biographie. Voici donc mes objectifs :

1 – Comprendre le principe de la douve ou de l'avantage stratégique quasi monopolistique. Une fois que vous comprenez cet élément, il vous est plus facile de faire vos choix pour le long terme.

2 – Comprendre la philosophie « acheter une entreprise et non une action » et, de ce fait, faire la différence entre investir et spéculer. Ce n'est pas la même chose et vous serez surpris de constater la différence fondamentale entre les deux. Vous êtes peut-être un spéculateur qui s'ignore. Qui sait ?

3 – Connaître les pièges psychologiques provoqués par « Monsieur De La Bourse[III] », tels que décrits par Benjamin Graham, père de l'« approche valeur ». Cela vous permettra de suivre les actualités financières d'un autre œil et avec plus de détachement.

4 – Comprendre le principe… des principes ! Ils ne changent pas avec le temps. Sinon, ce ne sont pas des principes ! C'est tellement plus reposant lorsque notre raisonnement est fondé sur des bases solides qui ne changent pas avec les modes et le temps qui passent. Ça aussi, Buffett l'a montré, l'a écrit et l'a vécu.

III. Traduction libre de *Mister Market*, une métaphore utilisée par Benjamin Graham dans ses enseignements.

SURVOL DU CONTENU

Feuille de route d'une légende

L'aspect biographique

Dans les chapitres 1 à 3, nous remonterons dans le passé. Nous nous attarderons évidemment aux détails de la vie de Buffett qui sont plus en rapport avec la finance. Nous verrons également les quatre principales personnes qui ont eu une influence prépondérante sur sa manière d'analyser et d'investir.

Se tenir loin de la Bourse et ne pas s'inquiéter de l'économie

L'aspect psychologique

Dans les chapitres 4 et 5, nous discuterons des émotions, des mécanismes d'*addiction* aux prévisions et de toutes sortes de choses qui ont pour but de compliquer notre vie et la vie de millions d'investisseurs... mais pas celle d'investisseurs professionnels axés sur la valeur. Nous découvrirons que Monsieur LaBourse est un bien mauvais maître, mais un très bon associé si l'on ne se laisse pas mener par lui et ses excès.

Acheter une entreprise et non une action

L'aspect mathématique

Dans les chapitres 6 à 14, vos vieilles notions de comptabilité vous seront très utiles. Il y sera question de certains ratios, de quelques calculs, mais rien de très scientifique ou d'énormément compliqué. Une calculatrice Sharp EL-733A ou équivalente sera amplement suffisante. Sinon, la minicalculatrice de votre téléphone intelligent fera l'affaire !

Le concept du *Focus Investing*[4]

L'aspect stratégique

Dans le chapitre 15, nous aborderons le concept du *Focus Investing*. Comment ajouter de la valeur par le choix des titres si des centaines ou des milliers de titres sont choisis ? Ce n'est plus un choix s'il y a trop de titres ! Quels sont les avantages de la méthode *Focus Investing* ? Est-elle vraiment risquée ? Buffett a publié un excellent texte à ce sujet alors qu'il s'adressait à ses actionnaires, et nous l'aborderons.

Retour sur les citations « buffettiennes »

Au chapitre 16, nous retrouverons les différentes citations qui ont été parsemées au travers de ce livre et de plusieurs autres. Les citations sont des outils, des « pilules » de sagesse. Une seule citation, si elle est bien intégrée, bien comprise, pourra vous aider, vous guider dans vos décisions d'investir ou non. Tout comme les ratios financiers, certaines citations financières, issues de génies financiers, peuvent s'avérer très utiles lorsque l'avenir semble incertain.

Quand l'approche valeur va au-delà du cadre financier

L'aspect philanthropique

Au chapitre 17, nous découvrirons de quelle manière Buffett léguera sa fortune. Quelles sont les influences qu'il a eues sur le seul homme plus riche que lui ? Quels seront les impacts de telles donations dans le futur ? Et si tous les milliardaires agissaient comme Buffett ?

DOUZE COMPAGNIES ÉTUDIÉES

Tous les livres de Buffett que j'ai lus donnent des exemples de ses coups d'éclat. Ce sont des compagnies américaines dont certaines nous sont inconnues, et nous avons souvent l'impression d'être spectateurs de ses exploits réalisés il y a plusieurs années. J'ai décidé d'adopter une nouvelle approche : prendre les principes buffettiens et les appliquer à un ensemble de compagnies qui peuvent sembler hétéroclites, mais chacun des duos suivants nous révélera un élément intéressant.

Banque Royale et CIBC

Ces banques représentent deux des cinq grandes banques canadiennes. Le poids du secteur financier est de plus de 30 % dans l'indice S&P/TSX de la Bourse de Toronto. La grande majorité de FCP canadiens en détiennent dans leurs portefeuilles. Il est donc fort possible que vous soyez l'un de leurs actionnaires de manière interposée. Sont-elles semblables ou différentes ? L'une est-elle meilleure que l'autre en tant qu'investissement ?

Apple et Google

Voilà deux géants incontournables du monde digital. Leurs marques respectives sont parmi les plus connues et respectées au monde. Que ce soit par l'utilisation de leurs produits ou services ou le visionnement de leurs publicités, ces entreprises font désormais partie de nos vies sur une base quasi quotidienne. C'est également un secret de Polichinelle que ces deux compagnies sont en guerre ouverte et qu'elles ne s'aiment pas. Elles ont, par contre, des stratégies très différentes quant à la manière de mettre en marché leur savoir-faire. Je me suis dit que ce serait intéressant de les observer d'un point de vue financier.

Amazon et Costco

Amazon et Costco sont des colosses de la distribution de produits. Ces entreprises ont deux approches différentes. Elles sont également présentes dans notre vie sur une base régulière. Lequel de ces deux modèles d'affaires se porte le mieux actuellement ? Leur analyse comparative vous surprendra assurément !

Bombardier et Burlington Northern Santa Fe (BNSF)

Bombardier est le titre qui fait le plus « jaser » au Québec. Plusieurs investisseurs ont investi ou investissent toujours dans le titre de Bombardier. Je me suis dit que, sur le plan *marketing*-de-mon-livre, je ne pouvais passer à côté de cette occasion ! BNSF, en tant que plus importante acquisition de Buffett de tous les temps, devait faire partie de la liste. De plus, Bombardier fabrique des trains. BSNF les utilise.

Ford et Toyota

Deux fabricants d'automobiles, une compagnie américaine, une japonaise. Laquelle se porte le mieux, d'après vous ?

Nortel et Alimentation Couche-Tard

Ce duo met en perspective un contraste frappant. Alimentation Couche-Tard est un fleuron québécois et je m'en serais voulu de l'avoir passé sous silence. Nortel me sert de contre-exemple. Tout est là !

LA RÉSISTANCE À APPRENDRE

À la fin de l'assemblée des actionnaires de 1995, Charlie Munger, ami et partenaire de Buffet a dit : « C'est extraordinaire de constater la résistance de certaines personnes à apprendre quoi que ce soit. » Buffett ajouta : « Ce qui est le plus étonnant est qu'elles résistent même quand c'est dans leur propre intérêt d'apprendre. » Par la suite, il cita le philosophe Bertand Russell : « La plupart des gens préfèrent mourir plutôt que de réfléchir. C'est ce que plusieurs font d'ailleurs. » Buffett et Munger font référence aux gens qui spéculent, qui *transigent*, qui se font prendre avec les hauts et les bas du marché boursier. Ils font également référence aux individus qui se sont fait « brûler » et qui refusent de considérer ce qui s'est passé, de réfléchir à leurs erreurs et à leurs modes de fonctionnement. Réfléchir demande des efforts, de la discipline, et ce n'est pas tout le monde qui réussit du premier coup. Le philosophe Russell a-t-il raison ? Et si, ensemble, nous lui donnions tort ?

CHAPITRE UN

DES ORIGINES MODESTES

« Lorsque je vais travailler chaque matin, je me sens comme si j'allais peindre la chapelle Sixtine. »

– Warren Buffett

1930-1935 : EN PLEINE DÉPRESSION

C'est tout de même paradoxal. Le plus célèbre investisseur de tous les temps, celui qui a fait plus d'argent à la Bourse que quiconque sur cette planète, est né pendant la Grande Dépression, en plein marché baissier. Warren Buffett, de la septième génération de Buffett à être né à Omaha, vient au monde le 30 août 1930, alors que les Bourses américaines sont dans un complet désarroi. Du 22 octobre 1929 au 8 juillet 1932, le Dow Jones perd 87 % de sa valeur[5]. Par effet domino, plusieurs entreprises ont été acculées à la faillite et des millions de personnes perdirent leur emploi.

Le père de Warren, Howard, travaillait dans une banque. Moins de deux semaines avant le premier anniversaire de naissance de son fils, il arriva à la maison avec deux mauvaises nouvelles : il avait perdu son emploi et les économies familiales, principalement investies dans la Bourse, s'étaient envolées en fumée[6].

La famille Buffett peinait à mettre du pain sur la table. Sa mère devait souvent se priver de manger à sa faim afin que ses trois enfants puissent être nourris convenablement. Heureusement que le grand-père, Ernest Buffett[7], possédait une épicerie et qu'il faisait crédit à ses enfants en ces temps difficiles.

Homme de foi et de principes, Howard se releva les manches après une amère déception et décida de fonder sa propre firme : Buffett, Sklenicka & Co. Avec l'aide de ses associés, il entreprit de vendre des actions et des obligations aux gens d'Omaha. Il espérait que malgré la « débandade », les clients croyaient encore à l'économie de marché. Le père de Howard, alors président du Club Rotary, n'encouragea pas ses membres, ni quiconque d'ailleurs, à faire affaire avec son fils. On n'aurait pu être découragé à moins… D'ailleurs, ce manque de confiance eut un impact sur le père de Buffett, qui se jura que jamais il ne ferait vivre un tel désaveu à ses enfants.

Malgré les temps difficiles, le peu d'appui familial et les circonstances, et grâce à six ans d'efforts constants, les affaires se mirent à rouler mieux et les finances de la famille Buffett s'améliorèrent vers la fin des années 30.

Était-ce à cause de ce qu'il avait entendu ou de scènes auxquelles il avait assisté ? Toujours est-il que, très jeune, Warren Buffett fut obsédé par l'argent et les affaires. Il aurait même mentionné une fois à la conjointe de l'associé de son père : « Si je ne suis pas millionnaire à trente ans, je me jette en bas du plus haut édifice d'Omaha[8]. » Elle lui a fait promettre de ne plus jamais dire une chose pareille, mais nous pouvons tout de même comprendre sa profonde détermination. Quelque chose en dedans de lui brûlait.

1935-1945 : JEUNE ET VIF EN AFFAIRES

Un cadeau de sa tante Alice, alors qu'il n'a que six ans, ajouta à sa fascination des chiffres, à celle de l'argent. Elle lui acheta un changeur de monnaie en nickel[9]. Il a vite trouvé comment en faire bon usage. Il installa une table près de la maison et se mit à vendre de la gomme Chiclets aux passants. Il faisait du porte-à-porte pour vendre des paquets de gommes et des boissons gazeuses. Il achetait un paquet de six Coke (vous vous souvenez des petites bouteilles en vitre ?) pour 0,25 $ à l'épicerie de son grand-père, et les revendait, à l'unité, dans la rue, en face du commerce, à raison de 0,05 $ chacune. Un profit de 20 % ! Avec lui, lors de toutes ses entreprises, son précieux changeur de monnaie. Il ramassait des dollars en papier et redonnait de la monnaie en échange.

À sept ans, il a été hospitalisé à cause de ses amygdales. Alité et laissé seul à lui-même, il prenait un crayon et griffonnait une série de nombres sur des feuilles de papier. Il calculait sa future fortune. Il aurait même dit à une infirmière : « Je n'ai pas beaucoup d'argent maintenant, mais un jour j'aurai ma photo dans les journaux[10]. » Il ne croyait pas si bien dire. Quand on lit des livres sur la pensée positive et la visualisation, c'est ce genre d'exercice qui est enseigné. Par contre, je n'avais encore jamais entendu parler d'un enfant de sept ans qui écrivait en calculant une progression de son capital grâce à la magie de l'intérêt composé !

À neuf ans, il s'amusait à répertorier et à compter les capsules de bouteilles des machines à boisson gazeuse afin de faire une étude de marché sur les marques qui se vendaient le plus. Il amassa ainsi un échantillon de huit mille capsules de diverses boissons. Son constat ? Coke était le produit le plus populaire, et par une très grande marge. Il préparait déjà l'un de ses investissements les plus spectaculaires !

Il vendait également des exemplaires du *Saturday Evening Post*, *Liberty* et des magazines. Les fins de semaine, il vendait du *pop corn* et des *peanuts* lors des parties de football locales. Buffett épargnait chaque sou qu'il réussissait à gagner et le cachait dans sa chambre. Il était clair pour chaque membre de la famille qu'il ne fallait pas aller fouiller dans son tiroir !

À onze ans, il travaillait pour la firme de son père, l'aidant à classer les cotations boursières. Il aimait aider son père et lui posait constamment des questions sur le marché et les actions, ce qui ne manquait pas d'amuser les courtiers qui se prirent d'attachement pour cet enfant au comportement singulier. De temps à autre, ils le laissaient même écrire, à la craie, sur le gros tableau noir, les prix des dernières transactions boursières.

Personne ne fut vraiment surpris lorsqu'il décida de prendre ses économies (120 $) et d'acheter des actions en Bourse. Pour sa première transaction boursière, il décida d'acheter des actions de Cities Service Preferred qui était à l'époque l'un des titres préférés de son père.

Afin de ne pas être seul dans l'aventure, il persuada également sa sœur et ils investissèrent 114,75 $ chacun pour 3 actions (38,25 $ par action). Malgré le fait qu'il avait bien fait ses devoirs, selon lui, le marché ne réagit pas comme il le « devait ». Ainsi, cet été-là, l'action de Cities Service afficha une baisse de 30 % et s'échangeait maintenant à 27 $. Il eut chaud, sa sœur aussi, mais elle lui faisait déjà confiance ! Dès que le cours de l'action remonta à 40 $, il vendit et empocha son premier gain : 5 $ (6 $-1 $ de commission).

Sa première leçon de patience lui fut donnée quelque temps plus tard alors que Cities Service se négocia à un nouveau sommet de 202 $. Buffett calcula que s'il avait maintenu sa position, il aurait empoché un gain de 492 $ après paiement des commissions. Étant donné que ça lui avait pris 5 ans pour épargner 120 $, il en déduit qu'il venait de jeter l'équivalent de 20 ans de travail par la fenêtre en vendant trop tôt et sous le coup de ses émotions incontrôlées. Ce fut une leçon qu'il n'oublia pas[11] !

À treize ans, il produisit sa première déclaration de revenus et inclut le coût de sa bicyclette comme dépense déductible. En effet, comme les jeunes le font encore de nos jours, il livrait des journaux comme emploi étudiant. Il travaillait fort et voulait réussir et se bâtir une clientèle. Il détestait quand les gens se désabonnaient. Aussi décida-t-il de livrer le journal compétiteur au sien et ainsi maintenir sa clientèle le plus longtemps possible ! Lorsqu'un client voulait se désengager, il lui offrait l'autre journal et ne perdait que rarement une « porte ». Il augmenta ainsi sa route à 500 journaux par jour, encaissant au-delà de 175 $ par mois. En 1944, il s'agissait du salaire moyen mensuel d'un employé à temps plein.

À quinze ans, il possédait déjà une petite entreprise. Il avait acheté, avec l'aide de l'un de ses amis, une machine à boule remise en état, payée 25 $, qu'il a par la suite placée chez un barbier en lui promettant la moitié des profits. Après la première journée, ils ont retrouvé 4 $ en 5 ¢ dans leur machine. La compagnie The Wilson Coin-Operated Machine Company[12] était née et prit de l'expansion jusqu'à sept machines. Buffett réussissait à faire un profit de 50 $ par semaine grâce à cette petite entreprise.

Par la suite, il réinvestit les profits en achetant une terre agricole de quarante acres afin de la louer à des fermiers. À la fin de ses études secondaires, il avait accumulé 9 000 $ et il annonça à son père qu'il ne voyait aucune raison de poursuivre ses études, car elles seraient une distraction dans la gestion de ses différentes entreprises. Ce dernier pensa différemment et le « persuada » de s'inscrire à l'Université de Pennsylvanie.

1945-1957 : FAMILLE, ÉTUDES ET AMOURS

La première fois qu'il la vit, il fut séduit et tomba amoureux. Elle le trouva ennuyeux, terne et même endormant, mais il a fait ce qu'il sait le mieux faire : être patient, persévérant et rusé. Tous les soirs, il allait chez Susan, alors qu'elle était partie à un autre rendez-vous galant ! Il jouait de la musique avec son père. Ce dernier se prit d'attachement pour ce jeune homme charmant et dévoué et en fit mention à sa fille. Elle écouta son père, donna une chance à Warren, se prit à apprécier son sens de l'humour... et ils se marièrent au printemps 1952 !

Durant le voyage de noces, tout juste après leur premier repas au restaurant, Warren aperçut une Cadillac dans le stationnement d'une entreprise. C'était un dimanche. Ce ne pouvait être que la voiture du propriétaire. Il laissa donc sa toute nouvelle conjointe « poireauter » dans l'auto pendant que lui se rendait interviewer le propriétaire à propos de stratégies d'entreprises et de toutes sortes de choses. On imagine madame Buffett se demandant s'il elle avait fait une « bonne affaire » de se marier avec un type comme Warren Buffett !

Il fit ses études de 1947 à 1951 et termina avec un *Master Degree*[IV] de la Columbia University, où il étudia sous la supervision de son futur mentor et ami, Benjamin Graham.

Il travailla pour la firme de son père à temps plein de 1951 à 1954, puis pour la compagnie de Benjamin Graham, de 1954 à 1956, et se lança finalement à son compte en 1957. L'année suivante, il achetait la seule maison dans laquelle il vivrait, pour 31 500 $.

1957- 2014: TRAVAIL ET FRUGALITÉ

Il affirme à qui veut bien l'entendre qu'il se rend travailler en dansant la claquette[13] ! Il aime vraiment ce qu'il fait et ça paraît dans toutes les entrevues qu'il accorde. Il lit encore cinq journaux par jour et ne posséda pas d'ordinateur sur son bureau pendant la plus grande partie de sa vie d'investisseur. Encore aujourd'hui, il aime dire que l'une des seules raisons pour laquelle il en possède un est pour jouer au bridge avec ses amis, à distance, par Internet.

Il ne donne pas de conférences, sauf lorsqu'il s'agit d'étudiants. Il dit que les adultes veulent se faire divertir tandis que les jeunes, encore aux études, veulent apprendre, et que ce qu'il a à leur dire peut avoir une influence sur leur vie.

Son passe-temps préféré est le bridge et lui coûte peu cher. Il a peu changé au cours des années. Il est demeuré loyal envers ses partenaires, ses actionnaires, ses amis et sa famille. Il est loin de Wall Street. Il ne ressemble pas à l'image que l'on se fait habituellement des gens riches qui jouent à la Bourse.

Il ne conduit pas de voiture rutilante[14]. Il vend aux enchères ses précédentes automobiles, habituellement vieilles de cinq ans, et donne le

IV. Maîtrise.

produit de la vente à une œuvre de charité[15]. À l'été 2014, il a changé sa Cadillac 2006 pour le nouveau modèle XTS 2014. Ne voulant pas attirer l'attention, il a laissé sa fille Susie faire le magasinage à sa place.

Il représente, aux yeux de plusieurs, le symbole de l'approche valeur, de la prudence et de la réflexion. Il a été affublé du titre *Le sage d'Omaha* ou *L'oracle d'Omaha*. De prime abord, il paraît ennuyeux et terne. Mais, c'est ce que l'on dit également de l'approche valeur et de ceux qui la pratiquent avec patience. Et c'est avec cette approche que l'on peut le plus envisager les années à venir avec confiance et sérénité.

À la lecture des différentes biographies écrites sur Buffett, on se rend vite compte que c'est une créature d'habitudes. Sa maison, son bureau, son restaurant favori (Gorat's Steak House[16]) n'ont pas changé depuis les années 50.

Lorsque sa conjointe décida de le quitter après 25 ans de mariage, elle s'assura qu'il ait une compagne qui soit en mesure de « s'occuper de lui ». Jamais ils ne divorcèrent, mais elle savait qu'il ne mangerait pas bien, qu'il ne serait pas en mesure de voir aux tâches quotidiennes, trop absorbé qu'il est par son travail. Susan Buffett demanda donc à Astrid Menks, qui a seize ans de moins que Buffett, de s'en « occuper ». Les deux vivent ensemble depuis la fin des années 70. C'est Susan qui a eu l'idée de demander à Astrid de vivre avec Warren. Susan aimait beaucoup son Warren, mais avait envie de vivre autre chose et elle est déménagée à San Francisco. Étrange, vous dites ? Ils envoyaient des cartes de Noël signées Warren, Susie et Astrid. Selon Kilpatrick, Buffett a besoin de personnes qui l'entourent afin de s'occuper de ses besoins immédiats. Bien que celui-ci soit très brillant, son « cerveau mécanique » n'est pas très développé et celui-ci a de la « difficulté à allumer l'interrupteur de la lumière », dira-t-il à la blague[17].

Au décès de sa femme Susan, en 2004, Buffett fut profondément affecté. Il était certain qu'il serait le premier à partir. Cela changea ses plans en regard de son testament et de sa succession. Jusque-là, il laissait tout à sa conjointe, sachant que tout irait à un organisme de charité par la suite. Il fut obligé de devancer ses plans.

Astrid Menks et Warren Buffett se sont officiellement mariés le 31 août 2006 après plus de vingt ans de vie commune. La cérémonie a eu lieu à la maison de la fille de Warren, Susie. Dans une entrevue téléphonique, Susie déclara : « Elle a été avec mon père pour les bonnes raisons. Je suis très reconnaissante. Elle l'aime et s'occupe de lui. S'il n'avait pas un sou, elle serait quand même avec lui[18]. »

CHAPITRE DEUX

SUR LES ÉPAULES DE MES PRÉDÉCESSEURS

« Si j'ai pu voir plus loin, c'est que j'ai pu monter
sur les épaules de mes prédécesseurs. »

– *Sir* Isaac Newton

Il existe deux façons d'apprendre : par sa propre expérience (et quelquefois, c'est assez douloureux !) ou par l'expérience que les autres veulent bien nous transmettre (il faut prendre le temps de lire ou d'écouter, mais, en général, c'est moins douloureux !). Buffett l'a compris très jeune et a cherché à gagner le maximum d'expérience en posant sans relâche des questions à ceux qui en savaient plus que lui.

« Il vaut mieux fréquenter des gens meilleurs que soi.
Choisissez des associés qui ont un comportement meilleur
que le vôtre et vous dériverez dans cette direction. »

– Warren Buffett

Buffett a eu trois « prédécesseurs » qui l'ont grandement influencé :

BENJAMIN GRAHAM (1894-1976)

Benjamin Graham est considéré aujourd'hui comme le père de l'approche valeur. Il a enseigné ses méthodes à la Columbia Business School à partir de 1928 et a raffiné celles-ci, à l'aide de David Dodd. Ensemble, ils ont publié le livre *Security Analysis*[19] en 1934, cinq ans après le krach de 1929. Ce livre était révolutionnaire pour l'époque.

Cet ouvrage, devenu maintenant un classique[20], a assuré à Benjamin Graham le statut d'immortel à Wall Street avec plus d'un million d'exemplaires vendus. L'auteur y décrit ses stratégies, encore utiles de nos jours, sur la façon d'évaluer une entreprise : « Une opération d'investissement se décrit comme une analyse complète et minutieuse de la compagnie visée, ce qui permet de prédire une marge de sécurité confortable du capital injecté ainsi qu'un rendement satisfaisant dans l'avenir. Toute autre forme d'investissement de capital ne peut être qualifiée d'investissement, mais plutôt de spéculation. »

Il a également écrit que celui qui achète une action doit se considérer comme le propriétaire de l'entreprise. Lorsque l'on sait que l'investisseur détient en moyenne une action pour une durée de quelques mois, souvent moins, on peut douter du fait que les gens se sentent vraiment propriétaires et qu'ils investissent pour le long terme.

Warren Buffett connut Benjamin Graham grâce à son second livre, *The Intelligent Investor*[21], publié cette fois en 1949. Buffett a lu cette première édition au début de 1950 alors qu'il n'avait que dix-neuf ans. Il déclara, à l'époque, que c'était, et de loin, le meilleur livre sur l'investissement qu'il ait jamais lu. Il le pense encore : « Ce livre a changé le cours de ma vie en tant qu'investisseur. *The Intelligent Investor* fournit une méthode d'analyse systématique et rationnelle, et vous n'avez qu'à fournir la discipline émotionnelle », dira Buffett. Pour lui, les deux chapitres les plus importants sont les huitième et vingtième. « Si vous suivez attentivement les conseils inclus dans ces deux chapitres, vous n'aurez pas de mauvais résultats avec vos investissements, ce qui est plus important que vous ne le pensez. Suivez Graham et vous profiterez de la folie des marchés au lieu d'y participer. Plus qu'aucun autre homme, excepté mon père, il a eu de l'influence sur ma vie[22]. »

À la suite de sa lecture, Buffett décida d'aller étudier à l'université où Graham enseignait afin d'en apprendre plus. Il fut le seul étudiant à obtenir A+. Les échanges de questions-réponses entre les deux hommes laissaient tous les autres étudiants être des spectateurs attentifs. À sa sortie de l'université, Buffett a tellement été impressionné par l'enseignement de Graham qu'il lui a même offert d'aller travailler pour lui, gratuitement (!), après ses études. Graham refusa. Buffett se moqua de cet incident par la suite, disant qu'il avait demandé trop cher ! Par la suite, grâce à sa persistance légendaire, Buffett fut engagé en 1954. Deux années plus tard, Graham mettait fin à son partenariat et prenait sa retraite.

PHILIP FISHER (1907- 2004)

« J'ai cherché à rencontrer Phil Fisher après avoir lu *Common Stocks and Uncommon Profits and Other Writings*. Lorsque je l'ai rencontré, j'ai été aussi impressionné par l'homme que par ses idées. Les techniques utilisées par Phil permettent de mieux comprendre une entreprise et son secteur et ainsi de faire des investissements intelligents. »

– Warren Buffett

Le style de Buffett a évolué au fil du temps. Vers la fin des années 70, les observateurs sont d'accord pour dire que Buffett s'était en partie détaché du trop grand conservatisme de Graham et qu'il regardait plus attentivement le côté « croissance » des compagnies qu'il acquérait. Il voulait surtout s'assurer qu'avec la croissance des ventes, la croissance des bénéfices serait au rendez-vous et, à ce chapitre, c'est Philip Fisher qui est crédité de l'influence. Il publia plusieurs livres, mais son plus célèbre demeure *Common Stocks and Uncommon Profits and Other Writings* [23].

Philip Fisher était un contemporain de Graham. Contrairement à Graham, Fisher a plutôt vu les marchés comme un miroir de l'économie américaine sans cesse en croissance. La croissance continuelle de la production nationale menait à des ventes toujours plus élevées pour les entreprises et des profits plus élevés, donc des évaluations de compagnies plus élevées. Pour lui, continuer à investir de l'argent dans des actions qui ne sont pas chères, mais qui ne valent pas cher, équivaut à dépenser de l'argent sur une auto usagée tombant en pièces : à un moment ou à un autre, ça finit par vous rattraper et vous ruiner.

Donc, au lieu de simplement rechercher de la valeur, Fisher a réalisé que certaines compagnies, même si elles sont terriblement sous-évaluées, peuvent être de très mauvais investissements. À une certaine époque, un investisseur avisé pouvait acheter les actions d'une compagnie pour la valeur de son compte en banque, la valeur de l'encaisse de l'entreprise. Le prix peut être excellent, mais que se passe-t-il si la compagnie est terriblement mal gérée ? Ce ne sera peut-être pas très long avant que celle-ci perde tout cet argent par de mauvaises décisions et réduise à néant l'avantage du faible prix payé. Autrement dit, si vous réussissez à vous procurer 1 $ de valeur pour 0,80 $, mais que peu de temps après les pertes engendrées ramènent la valeur de 1 à 0,50 $, vous vous retrouvez dans le rouge.

Fisher pointe que les plus grandes fortunes dans le domaine de l'investissement ont été faites de deux manières. Premièrement, en achetant des actions quand les marchés s'effondrent et en les gardant jusqu'à ce qu'ils se redressent. Deuxièmement, avec moins de risque et plus de rendement potentiel, vous pouvez aussi investir dans un petit portfolio de compagnies qui continuent d'accroître leurs ventes et leurs profits au fil des ans. Ainsi, si la compagnie a été bien sélectionnée, il se peut que vous n'ayez jamais à la vendre en même temps que vous accumulez de larges profits sur votre investissement initial. Fisher a été un pionnier de l'école de la croissance. Dans son livre, il produit une liste de quinze critères à considérer avant d'investir dans une compagnie. Il dévie de l'école « prix par rapport à la valeur » et incorpore l'élément croissance dans l'équation.

Fisher a donc eu une influence prépondérante sur les méthodes et la philosophie de Buffett et de son fameux facteur de « château fort » et de son attirance pour des compagnies comme Coca-Cola ou Gillette, comme nous le verrons.

CHARLIE MUNGER (1924-)

Né en 1924, Charlie Munger est également originaire d'Omaha, mais lui et Buffett ne se sont rencontrés qu'en 1959, grâce à un ami commun qui les a mis en contact. En conversant, les deux furent amusés d'apprendre que Munger avait travaillé à l'épicerie familiale des Buffett. À partir de ce moment, ils sont demeurés en constante communication. Munger demeurait en Californie (il y demeure toujours d'ailleurs, et qui pourrait le blâmer ?) et travaillait en tant qu'avocat tandis que Buffett était installé à Omaha.

Dans leurs débuts, ils ont pris de nombreuses décisions d'investissement ensemble et leurs deux compagnies de gestion ont obtenu des résultats très semblables et spectaculaires dans les années 60. Puis, au fil du temps, Munger est devenu actionnaire et partenaire « avec » Buffett. Encore aujourd'hui, dans sa lettre annuelle aux actionnaires, Buffett écrit presque toujours *Charlie and I* (« Charlie et moi »), lorsqu'il parle des décisions qui ont été prises au cours de l'année.

Buffett n'hésitera pas à dire que Munger l'a influencé et décidé à payer un peu plus cher pour acheter des compagnies de meilleure qualité. Un peu comme la philosophie de Fisher que nous venons de voir. Fisher l'a exprimée et enseignée, Charlie est celui qui a convaincu Buffett de réellement jeter un œil sur cette philosophie et d'arrêter de toujours chercher ce qui n'est pas cher parce que ce n'est pas cher.

Munger s'intéresse à des sujets comme les sciences, l'histoire, la philosophie, les mathématiques et il croit que de grandes idées, de grands principes sont inclus dans plusieurs sciences et des observations pouvant être appliquées à l'investissement peuvent en être extraites.

« Il vaut mieux payer un prix équitable pour une excellente compagnie plutôt que de payer un excellent prix pour une compagnie équitable. » Voilà l'influence notable qu'il a eue sur la manière de penser de Buffett et ce dernier ne s'en cachera pas.

CHAPITRE TROIS

UN BULLETIN DE NOTES IMPRESSIONNANT

«Le prix est ce que vous payez.
La valeur est ce que vous gagnez.»

– Warren Buffett

1957-1969: BUFFETT & ASSOCIATES LIMITED

Buffett fonde son premier partenariat en 1957, à 26 ans. Son premier client est un docteur. Ce dernier, sur les conseils de l'un de ses amis de New York qui a vu Buffett à l'œuvre, désire lui confier la gestion de son patrimoine. Même si Buffett désire ardemment l'argent et la chance de se faire un nom, il lui impose dès le départ ses conditions: il n'est ouvert qu'une seule journée par année pour les entrées et sorties d'argent: le 31 décembre. Le reste de l'année, il fait ce qu'il pense qu'il doit faire et son objectif est de battre le Dow Jones chaque année par 10%. Il a confiance en lui et est intransigeant. Le docteur sourit. Il voit à qui il a affaire et décide de foncer et d'investir. Il est le premier, et une longue liste suivra.

Buffett base ses honoraires sur le rendement qu'il procurera : si son rendement est en deçà de 6 %, il n'obtient rien. Zéro. *Niet*. Par contre, pour chaque point de pourcentage au-delà de 6 %, il a droit à 25 % de l'excès. Si son rendement atteint 12 %, il aura donc droit à des honoraires de 1,5 % (de 0 à 6 %=0 % ; de 6 à 12 %, il fait 25 % du 6 % excédentaire, soit 1,5 % ; il s'agit d'une structure de frais comme il est de pratique courante aujourd'hui dans les produits comme les *hedge funds*[V]). Cette structure de frais le motive. De 1957 à 1966, le Dow Jones augmente de 122,9 %. Le partenariat de Buffett, quant à lui, augmentera de 1 156 % !

En 1962, les affaires vont bien et il déménage de sa maison au Kiewit Plaza, où sont encore ses bureaux aujourd'hui. En 1963, Buffett effectue l'un de ses plus fameux investissements : American Express, que nous verrons plus loin. Il a rappelé à ses partenaires que « le prix, c'est ce [qu'ils payent] pour quelque chose et la valeur, c'est ce [qu'ils obtiennent] en retour ».

En 1968, Buffett et ses associés connaissent leur meilleure année à vie. Leur patrimoine s'accroît de 40 M$ US, ou 59 %. Le Dow augmenta de 9 %, Buffett l'ayant battu de 50 % ! Les actifs sous gestion du partenariat s'élevaient maintenant à 104 M$.

Buffett affirme que ce résultat devrait être traité comme une aberration, comme si un joueur de bridge recevait treize cartes de trèfle pendant une partie. C'était, selon lui, une erreur de la nature. Et il était sérieux.

Dans le contexte de ce marché, il n'y avait plus de corrélation entre les prix et les valeurs. Il n'avait pas le goût de mettre en danger les rendements passés. Il a donc fait ce que personne auparavant n'avait fait : il s'est retiré. Il a annoncé qu'il liquidait le partenariat, car tant qu'il serait responsable des investissements, il voulait avoir une bonne performance et il ne pouvait envisager de produire des rendements satisfaisants dans des conditions de marché aussi intenables.

V. Fonds spéculatifs.

La lettre est datée de mai 69. De juin 69 à la fin 70, le Dow Jones a perdu 50 % de sa valeur, alors que Buffett et ses associés ont réussi à s'accrocher à un rendement positif : il avait tout liquidé.

Il a offert à ses partenaires d'aller ailleurs, d'acheter des obligations municipales ou de rester avec Berkshire Hathaway, une compagnie qu'il avait acquise en 1965. Les actions valaient alors 41 $. Il leur a dit qu'il en ferait une bonne affaire, sans vraiment trop savoir comment exactement.

À la dissolution de son partenariat, en 1969, un investissement initial de 10 000 $ en 1957 avait généré un profit de 150 270 $. Si, au lieu d'y aller avec Buffett, quelqu'un avait simplement investi dans l'indice Dow Jones, son profit aurait été de 15 000 $...

1965-2014 : BERKSHIRE HATHAWAY

La compagnie de textile Berkshire Cotton Manufacturing fut incorporée en 1889. En 1955, Berkshire fusionna avec Hathaway Manufacturing et le nom fut alors changé pour Berkshire Hathaway. De 1955 à 1965, l'avoir des actionnaires de la nouvelle entité dégringola de 50 % et les pertes d'opérations excédaient 10 M$. Buffett se porta acquéreur de la compagnie en 1965. De 1965 à 1985, même avec l'aide de Buffett, les rendements sur l'équité de Berkshire Hathaway (les opérations textiles étant maintenant devenues une division du conglomérat) eurent toujours de la difficulté à dépasser 10 %. Au cours des années 70, les actionnaires commencèrent à remettre en question la sagesse de conserver cette compagnie.

En termes clairs, Berkshire Hathaway fut, à son origine et en rapport avec son industrie, l'un des pires investissements que Warren Buffett effectua. En 1987, il écrivit dans son rapport annuel : « Je ne fermerai pas une entreprise qui n'est pas suffisamment rentable pour ajouter quelques fractions de points à nos rendements *corporatifs*. Je crois également qu'il est inapproprié, même pour une compagnie très rentable, de continuer à financer des opérations lorsque celles-ci s'annoncent non rentables. Adam Smith ne serait pas d'accord avec moi. La voie du milieu est la seule qui me rend confortable[24]. » Quelque temps plus tard, la compagnie cessait ses activités de textile. Mais le nom demeura. Un souvenir que Buffett désire garder près de lui : ne pas oublier qu'il peut toujours se tromper.

Que se passa-t-il pour qu'un fabricant de textile devienne l'une des compagnies les plus connues, les plus admirées et les plus « capitalisées » au monde ? Buffett s'en servit comme véhicule d'investissement et décida de diversifier ses positions. Lorsqu'il décida de mettre fin à son *partnership* en 1969, il concentra toute son attention sur Berkshire Hathaway afin d'en faire une formidable machine à générer des profits.

FAITS SAILLANTS

Voici un extrait du rapport annuel destiné aux actionnaires de Berkshire Hathaway (2013) : « Notre gain en valeur nette pour l'année 2013 a été de **34,2 G$***, ce qui augmente la valeur comptable de chaque action de Classe A et de Classe B de 18,4 %. Au cours des 49 dernières années (c'est-à-dire depuis que l'administration présente est en place), la valeur comptable des actions a crû de 19 à 134 973 $, une croissance annuelle composée de 19,7 %. »

En termes clairs, 10 000 $ investis en 1957 vaudraient aujourd'hui[25] 829 001 175 $ (de 1957 à 1969=160 270 $, puis transfert en 3 909 actions de Berkshire à 41 $). Il n'y a pas eu de dividendes. Pas de déclaration de gain en capital. Pas de division de l'action.

Tous les calculs du tableau présenté dans le rapport annuel de Berkshire Hathaway (pp. 47-48) sont en dollars américains et selon la valeur comptable de l'action en fin d'année. À noter qu'il y a, et qu'il y aura toujours, une différence entre la valeur comptable d'une action et sa valeur boursière.

---

* G$ signifie milliards de dollars.

Ainsi, alors que l'action a une valeur comptable de 134 973 $, elle *se transige* à la Bourse de New York de 205 000 à 213 000 $, soit 1,5 fois sa valeur comptable. Nous verrons cette analyse un peu plus en détail.

Warren Buffett est payé 100 000 $ par année pour son travail chez Berkshire. À ce salaire s'ajoutent les coûts engendrés pour sa protection personnelle et la surveillance de sa maison (385 606 $), payés par Berkshire. Buffett coûte donc 485 606 $ par année à la compagnie. Le salaire moyen pour ceux qui occupent des postes semblables parmi les 500 plus importantes compagnies américaines est de 10,5 M$[26].

Les compagnies qui sont détenues à 100 % par Berkshire réalisent un chiffre d'affaires annuel de 182 000 000 000 $ (182 G$) et elles emploient 330 745 employés[27]. La valeur boursière (capitalisation boursière) de Berkshire est de 336 G$[28]. Aujourd'hui, Berkshire Hathaway est divisée en trois groupes majeurs :

1. Entreprises d'assurance (General Re, GEICO, etc.) ;

2. Entreprises réglementées et demandant intensivement du capital (MidAmerican Energy, BNSF) ;

3. Entreprises de fabrication et de commerce de détail (Dairy Queen, Benjamin Moore, Fruit of the Loom, Heinz, See's Candies [chocolats]).

Collectivement, ces entreprises ont généré, en 2013, 12,6 G$ (nets d'impôts) pour Berkshire, soit un peu plus de 1 G$ par mois. Ces capitaux sont, la plupart du temps, renvoyés au siège social où ils doivent être investis. Ainsi, à la fin de 2013, le portfolio d'investissements boursiers de Berkshire Hathaway était de 117 G$ avec un coût de 56,6 G$ comparativement à un portefeuille de 3 G$ avec un coût de 1,3 G$, 25 ans auparavant, en 1988.

Le siège social de Berkshire est situé à Omaha, dans l'État du Nebraska, sur la même rue que la résidence personnelle de Buffett. Vingt-cinq employés travaillent au siège social et ils occupent moins de dix mille pieds carrés de superficie de bureau. Ils sont extrêmement décentralisés. Cette compagnie, qui emploie plus de 330 000 employés, n'a pas de département des ressources humaines. Le coût annuel du siège social est d'environ 4 M$ (4 M$ pour gérer un actif de plus de 336 G$!). On n'y dépense pas pour rien, c'est le moins que l'on puisse dire.

La déclaration de revenus 2013 de Berkshire Hathaway a nécessité 23 000 pages de renseignement à envoyer à l'IRS (ministère du revenu américain).

BERKSHIRE PAR RAPPORT AU S&P 500

Buffett affiche toujours ce tableau dans les premières pages de son rapport annuel, car il se dit que si les gens investissent dans Berkshire, c'est qu'ils désirent, à long terme, faire mieux que l'indice de référence S&P 500 dans lequel ils pourraient investir simplement par un fonds indiciel à faibles frais.

Historique comparatif de 49 ans

La période observée, soit 49 ans, frappe l'œil. Grâce à ce tableau, nous pouvons observer le « bulletin de notes » de Buffett au cours d'un demi-siècle. Ce genre de comparaison sur une aussi longue période est assez rare, voire exceptionnelle.

Méthode choisie

Les rendements utilisés du S&P 500 incluent les dividendes réinvestis, mais ne font pas état des impôts qui auraient dû normalement être payés sur ces dividendes. Berkshire Hathaway, quant à elle, n'a jamais déclaré de dividendes. Donc, un investisseur présent depuis les débuts n'a jamais eu à payer un quelconque impôt s'il n'a pas vendu ses actions. En ce qui concerne la valeur comparative de Berkshire, Buffett préfère la valeur comptable à la valeur boursière, cette dernière étant trop capricieuse et soumise aux aléas des surévaluations et des sous-évaluations. La valeur comptable, même si imparfaite, représente selon lui un meilleur étalon de mesure et, à long terme, la valeur boursière de l'action de Berkshire suivra, même imparfaitement, la valeur comptable de sa compagnie.

Tableau 1 – Comparaison de la performance : Berkshire Hathaway et S&P 500

ANNÉE	CHANGEMENT DE LA VALEUR COMPTABLE BERKSHIRE	CHANGEMENT DANS LE S&P 500, DIVIDENDES INCLUS	RÉSULTATS RELATIFS (Berkshire-S&P 500)
1965	23,8 %	10 %	13,8 %
1966	20,3 %	(11,7 %)	32 %
1967	11 %	30,9 %	(19,9 %)
1968	19 %	11 %	8 %
1969	16,2 %	(8,4 %)	24,6 %
1970	12 %	3,9 %	8,1 %
1971	16,4 %	14,6 %	1,8 %
1972	21,7 %	18,9 %	2,8 %
1973	4,7 %	(14,8 %)	19,5 %
1974	5,5 %	(26,4 %)	31,9 %
1975	21,9 %	37,2 %	(15,3 %)
1976	59,3 %	23,6 %	35,7 %
1977	31,9 %	(7,4 %)	39,3 %
1978	24 %	6,4 %	17,6 %
1979	35,7 %	18,2 %	17,5 %
1980	19,3 %	32,3 %	(13 %)
1981	31,4 %	(5 %)	36,4 %
1982	40 %	21,4 %	18,6 %
1983	32,3 %	22,4 %	9,9 %
1984	13,6 %	6,1 %	7,5 %
1985	48,2 %	31,6 %	16,6 %
1986	26,1 %	18,6 %	7,5 %
1987	19,5 %	5,1 %	14,4 %

ANNÉE	CHANGEMENT DE LA VALEUR COMPTABLE BERKSHIRE	CHANGEMENT DANS LE S&P 500, DIVIDENDES INCLUS	RÉSULTATS RELATIFS (Berkshire-S&P 500)
1988	20,1 %	16,6 %	3,5 %
1989	44,4 %	31,7 %	12,7 %
1990	7,4 %	(3,1 %)	10,5 %
1991	39,6 %	30,5 %	9,1 %
1992	20,3 %	7,6 %	12,7 %
1993	14,3 %	10,1 %	4,2 %
1994	13,9 %	1,3 %	12,6 %
1995	43,1 %	37,6 %	5,5 %
1996	31,8 %	23 %	8,8 %
1997	34,1 %	33,4 %	0,7 %
1998	48,3 %	28,6 %	19,7 %
1999	0,5 %	21 %	(20,5 %)
2000	6,5 %	(9,1 %)	15,6 %
2001	(6,2 %)	(11,9 %)	5,7 %
2002	10 %	(22,1 %)	32,1 %
2003	21 %	28,7 %	(7,7 %)
2004	10,5 %	10,9 %	(0,4 %)
2005	6,4 %	4,9 %	1,5 %
2006	18,4 %	15,8 %	2,6 %
2007	11 %	5,5 %	5,5 %
2008	(9,6 %)	(37 %)	27,4 %
2009	19,8 %	26,5 %	(6,7 %)
2010	13 %	15,1 %	(2,1 %)
2011	4,6 %	2,1 %	2,5 %
2012	14,4 %	16 %	(1,6 %)
2013	18,2 %	32,4 %	(14,2 %)
GAINS ANNUELS COMPOSÉS 1965-2013	19,7 %	9,8 %	9,9 %

Source : Rapport annuel de Berkshire Hathaway (2013), p. 2.

La différence entre le rendement, tel que mesuré par la variation de la valeur comptable de Berkshire, et le rendement total (incluant les dividendes) du S&P 500 : 693 518 % par rapport à 9 841 %, ou près de 9,9 % par année en moyenne. Afin d'illustrer cette différence, imaginons que vous avez investi 10 000 $ en 1965. Selon ce tableau, votre investissement vaudrait 67 145 785 $ avec Berkshire Hathaway et 1 022 552 $ avec le S&P 500. On comprend mieux la légende.

Meilleur en défensive qu'en offensive

Les années où le S&P 500 a connu une baisse sont en gris dans le tableau. Il y a eu onze années de baisse des marchés et trente-huit années de hausse durant cette période. Au cours de ces années plus difficiles, la performance de Berkshire a toujours été supérieure, ce qui fait la fierté de Buffett.

Et les années 2000 ?

Il répète depuis plusieurs années maintenant que les performances passées ne pourront être répétées compte tenu de l'ampleur que sa compagnie a atteinte. Et il a raison. Ses performances relatives ne sont plus ce qu'elles étaient, mais elles ne sont pas négatives pour autant. Ainsi, si vous aviez investi 100 000 $ avec Berkshire Hathaway au 1er janvier 2000 (l'action valait alors 56 500 $), votre investissement vaudrait au 4 septembre 2014, 369 429 $ (l'action valait alors 207 250 $). Le même montant investi pour la même période, dans le S&P 500, vaudrait 180 016 $, soit une plus-value de 189 413 $.

DIVIDENDES : UN APPORT IMPORTANT

Un fait souvent passé sous silence est l'important montant de dividendes « ordinaires » que Berkshire reçoit de ses investissements boursiers traditionnels. Prenez les deux plus importants titres détenus : Coca-Cola et Wells Fargo. À eux seuls, ils ont versé plus de 1 G$ en dividendes dans les coffres de la compagnie. En y regardant de plus près, on se rend compte que les 448 M$ versés par Coca-Cola représentent 34 % du montant initial investi par Buffett. En d'autres mots, le dividende a tellement augmenté au cours des 25 dernières années que Buffett (via Berkshire) retrouve son capital tous les trois ans (34 % x 3 = 102 %). Le total des dividendes payés en 2013 par le *top* 10 des titres du portefeuille approche 2 G$.

Tableau 2 – Dix principaux titres détenus par Berkshire Hathaway au 31 décembre 2013

NOMBRE D'ACTIONS	COMPAGNIE	COÛT ('000)	VALEUR ('000)	DIVIDENDES ('000)
483 470 853	WELLS FARGO	11 871 000 $	21 950 000 $	556 000 $
400 000 000	COCA-COLA	1 299 000 $	16 524 000 $	448 000 $
151 610 700	AMERICAN EXPRESS	1 287 000 $	13 756 000 $	135 000 $
68 121 984	IBM	11 681 000 $	12 778 000 $	252 000 $
56 805 984	WAL-MART STORES	2 986 000 $	4 470 000 $	107 000 $
20 060 390	MUNICH RE	2 990 000 $	4 415 000 $	160 000 $
52 477 678	PROCTOR & GAMBLE	336 000 $	4 272 000 $	120 000 $
41 129 643	EXXON MOBILE	3 737 000 $	4 162 000 $	101 000 $
96 117 069	U.S. BANCORP	3 002 000 $	3 883 000 $	85 000 $
22 169 930	SANOFI	1 747 000 $	2 354 000 $	28 800 $

CINQUANTE-DEUX LIVRES ÉCRITS À SON SUJET

« Il semble qu'il y a une caractéristique humaine perverse qui aime compliquer les choses simples. »

– Warren Buffett

Au cours des années 80, on répertorie un seul livre consacré à Warren Buffett. En 1987, le monde de l'édition a décidé de s'intéresser vraiment au phénomène Buffett. John Train fut l'un des premiers à lui consacrer un livre entier, *The Midas Touch*.

Au cours des années 90, six nouveaux livres virent le jour, dont celui de Robert Hagstrom, *The Warren Buffett Way*, et la biographie de Roger Lowenstein, *The Making of an American Capitalist*.

Puis, le phénomène explosa. L'éclatement de la bulle techno du début de l'an 2000 peut-il avoir un rapport avec ce succès de librairie ? Je ne sais pas, mais de 2000 à 2009, 26 livres furent écrits au sujet des méthodes de Warren Buffett. J'ai acheté plusieurs d'entre eux afin de maintenir ma « collection » à jour, mais j'ai fini par jeter l'éponge, car de 2010 à 2014, 25 autres ouvrages furent à nouveau lancés. Au travers de ceux-ci, il y a bien quelques rééditions, mais la plupart sont de nouveaux auteurs, avec de nouveaux angles.

Écrire sur Buffett est devenu une industrie en soi. J'ai inclus la liste de ces 52 livres en annexe. Buffett n'a écrit aucun de ces livres. À vrai dire, celui qui s'approche le plus de ce qu'il a vraiment à dire est le livre assemblé par Lawrence Cunningham. Ce dernier a obtenu la permission de compiler les textes écrits par Buffett pour ses partenaires, ses fameuses lettres annuelles qu'il écrit depuis 1970. Mais vous n'avez pas besoin d'acheter un livre si vous désirez vous les procurer, car elles sont disponibles gratuitement sur le site de Berkshire (www.berkshirehathaway.com). Elles comptent en moyenne une trentaine de pages et valent le temps que vous investirez dans leur lecture.

On peut aimer ou détester Buffett, mais on ne peut l'ignorer. Il dérange. Il est différent. Il est une légende vivante. Une exception. Il fascine. Dans un monde où tout change rapidement, il ne change pas. Dans un monde où l'on cherche le profit rapide et immédiat, il est patient. Dans un monde où la mode et les tendances règnent en maître, il fait bande à part. On le ridiculise. Dans le fond, il est vieux et riche, peut-il être heureux ? Ce que je sais, c'est que j'ai beaucoup appris en lisant sur lui. Oui, j'ai été fasciné par le fait qu'il est devenu très riche. Par contre, c'est le caractère et le style de sa personne qui m'ont attiré, non pas que je veuille l'imiter, mais le fait qu'il demeure fidèle à lui-même, à ses valeurs. Il n'investit que dans ce qu'il croit et comprend, laissant le reste de côté. Facile à dire et à écrire, mais pour tous ceux qui ont trempé dans le monde du placement, ce n'est pas une chose aussi aisée qu'elle apparaît.

CHAPITRE QUATRE

LES PREMIERS CONSEILS DE BUFFETT

« À la Bourse, il y a deux règles fondamentales à respecter. La première est de ne pas perdre, la seconde est de ne jamais oublier la première. »

– Warren Buffett

PREMIÈRE RÈGLE : « NE PERDEZ PAS D'ARGENT. »

DEUXIÈME RÈGLE : « N'OUBLIEZ PAS LA PREMIÈRE RÈGLE ! »

On sourit lorsqu'on lit ce principe pour la première fois. Puis, en y réfléchissant bien, on se rend compte qu'en appliquant rigoureusement cette règle, on se doit de faire attention, d'être diligent, minutieux, voire soucieux, lorsque l'on investit son argent et, surtout, celui des autres.

Buffett dira souvent que choisir un investissement, c'est un peu comme choisir un conjoint : il est bon de prendre tout son temps afin de bien le choisir et de demeurer avec lui le plus longtemps possible après coup ! Il a même déjà affirmé que les investisseurs seraient mieux servis s'ils avaient un carnet de dix billets donnant chacun le droit d'acheter un titre. Pendant sa vie entière, un investisseur n'aurait droit qu'à dix décisions d'investissements. Un peu radical comme mesure, j'en conviens, mais le principe derrière cette affirmation tient à la diligence raisonnable : prendre le temps d'étudier ce dans quoi on investit. Ne pas se dire : « Ce n'est pas grave si ça ne marche pas, je vendrai et j'achèterai autre chose. »

« Ne perdez pas d'argent » nous rappelle la prudence. Buffett dira que la diversification est pour ceux qui ne savent pas vraiment ce qu'ils font et qui ne prennent pas le temps d'étudier à fond ce dans quoi ils investissent, sinon, pourquoi diversifieraient-ils ? Nous verrons plus en détail, au chapitre 15 (l'approche *Focus Inventing*), les avantages de ne pas trop diversifier.

« TENEZ-VOUS LOIN DE LA BOURSE ! »

Cela m'a frappé lorsque je suis arrivé à la fin du premier livre que j'ai lu sur Buffett et l'investissement, *Les stratégies de Warren Buffett.* À la fin, l'auteur résume en quatre points l'essentiel de ses stratégies, l'une d'entre elles étant « Tenez-vous loin de la Bourse ». Tu parles d'un paradoxe ! L'homme qui a fait le plus d'argent grâce au marché boursier nous dit de nous en tenir loin ! Comment fait-on pour faire de l'argent en s'en tenant loin ?

Il déclare qu'il préfère avoir ses bureaux à Omaha, au Nebraska. Il y est moins stressé par le rythme de Wall Street, et cela lui permet de mieux se concentrer. Mais, la distance n'est pas tout. Il y a moyen d'être « près » de la Bourse en suivant attentivement ses soubresauts via la télévision, Internet ou les journaux. C'est une question d'attitude quant à l'information disponible : dans le monde dans lequel nous vivons, l'information est disponible partout, jour et nuit. Buffett écoute les nouvelles boursières sur la chaîne spécialisée CNBC, mais sans le son ! Les sons utilisés lors de la diffusion de ces nouvelles s'approchent de ceux entendus lorsque l'on visite un casino : c'est bruyant et orienté vers le fait de nous faire vivre une émotion.

Alors, se tenir loin de la Bourse ne concerne pas seulement la distance. Cela signifie de ne pas se laisser stresser ou énerver par le bruit et toutes les émotions qui se passent sur le parquet ou autour. Cela rime avec faire ses devoirs, creuser l'information, ne pas se laisser distraire, être concentré sur ce qui est important.

> « Nous n'avons pas, n'avons jamais eu et n'aurons jamais une opinion à propos de la Bourse, des taux d'intérêt ou de ce que l'activité économique sera dans un an. »
>
> – Warren Buffett

Difficile de trouver une affirmation plus claire. Ni Buffett ni son associé Munger ne tombent dans ce piège. Je les ai vus se faire poser cette question à plusieurs reprises, que ce soit lors de l'assemblée des actionnaires ou lorsqu'ils sont devant les médias, et ils se défilent toujours.

Cette simple citation m'a sauvé beaucoup de temps et d'énergie au fil des ans.

« NE VOUS INQUIÉTEZ PAS DE L'ÉCONOMIE. »

Voilà un autre conseil qui fait sourire ! Cependant, si l'économie va mal, direz-vous, les compagnies n'iront pas bien et personne ne fera de l'argent en investissant. C'est logique, non ? Décortiquons ce conseil : il est dit de ne pas vous inquiéter… Encore une fois, cela ne veut pas dire que vous ne devez pas être au courant ou que l'économie n'a pas d'importance. Au contraire ! Nous parlons ici d'inquiétude, du fait de nous demander où iront les taux d'intérêt dans trois mois, six mois ou un an. À combien *se transigera* le dollar canadien par rapport au dollar américain ? Le PIB affichera-t-il une croissance de 3 ou de 3,5 % ? Et l'inflation, qu'est-ce qui arrivera avec elle ? Le prix du pétrole qui n'arrête pas de monter… Et là, je ne vous parle même pas de la guerre en Irak et de tout le « tralala » géopolitique.

« Nous continuerons d'ignorer les prévisions politiques et économiques, car elles sont des distractions dispendieuses pour plusieurs investisseurs et hommes d'affaires. »

– Lettre aux actionnaires, Berkshire Hathaway, 1994

Il est question, une fois de plus, de prévisions et d'inquiétudes à propos de ce qui se produira.

Au cours des 40 dernières années, les taux des bons du Trésor ont varié de 2 à 17 %, le Dow Jones a subi une baisse sans précédent de 508 points en une seule journée en 1987, il y a eu les chocs pétroliers des années 70, la guerre du Vietnam qui s'est éternisée, la guerre en Irak, la chute du mur de Berlin et le démantèlement de l'Union soviétique. Aucun de ces événements n'avait été prédit et n'était vraiment prévisible il y a quarante ans. Il y en aura encore sûrement d'aussi importants au cours des quarante prochaines années. C'est l'évidence. Et devinez quoi, nous dit Buffett, aucune de ces crises n'a entaillé, ne serait-ce que d'une petite coche, les principes de base qui avait été édictés par Graham et Dodd dans les années 30 : un investisseur réussit lorsqu'il peut se procurer les actions d'une bonne compagnie à un prix très abordable, voire plus bas que sa valeur intrinsèque.

Les événements de type macroéconomiques qui suscitent de nombreuses réactions émotives au sein d'un grand nombre d'investisseurs sont justement des occasions opportunes pour celui qui a une approche valeur, car la peur est l'ennemi de celui qui aime suivre les tendances, mais elle est la grande amie du fondamentaliste, de celui qui peut regarder au-delà des événements à la mode ce mois-ci, cette semaine-ci ou même cette journée-ci.

« Je peux calculer le mouvement des étoiles,
mais pas la folie des hommes. »

– Isaac Newton

PRENEZ GARDE AUX COÛTS FRICTIONNELS

J'aimerais débuter avec ce tableau qui met en lumière les coûts associés aux transactions sur les actions par rapport aux bénéfices de quatre compagnies.

Tableau 3 – Ratio de rotation de compagnies technologiques, 2000

Compagnie	Ratio de rotation (pour l'année 2000)	Coût des transactions	Bénéfices des compagnies (en 2000)
YAHOO!	1 080 %	796 M$	155 M$
AMERICA ONLINE	440 %	1 806 M$	771 M$
DELL	290 %	1 375 M$	2 289 M$
COMPAQ	280 %	828 M$	1 834 M$

Source : *How to Pick Stocks Like Warren Buffett*, Timothy Vick, p. 81.

Au cours de l'année 2000, le capital-actions de Yahoo ! a eu un taux de rotation de 1 080 % ! Un taux de 100 % signifierait que toutes les actions de Yahoo ! ont changé de main pendant l'année. Un taux de 1 080 % signifie donc que toutes les actions ont changé de main… dix fois pendant l'année ! (Afin de vous donner une idée, imaginez que toutes les maisons de votre quartier ont changé de propriétaire dix fois dans l'année, donc, chaque mois, un nouveau propriétaire achetait la maison du propriétaire précédent. Qui, pensez-vous, aurait été heureux d'un tel événement ? L'agent immobilier, n'est-ce pas ?)

Eh bien, la frénésie entourant l'action de Yahoo ! a engendré des coûts de transactions de 796 M$, pendant l'année 2000, pour les investisseurs, alors que la compagnie n'a fait que 155 M$ de profits au cours de cette même année. Si une seule personne avait été la propriétaire de la compagnie à 100 %, elle aurait empoché à la fin de l'année, 155 M$ de profits. Mais, les investisseurs effectuent des transactions entre eux. Au net, ils ont donc perdu 641 M$ qui sont irrécupérables. L'investisseur A veut acheter de B à moindre coût afin de revendre à C à un prix supérieur. Mais une compagnie ne vaudra jamais plus que les profits qu'elle pourra accumuler tout au long de son existence, peu importe comment on la négocie ou on l'analyse. Une compagnie vaut ses profits futurs estimés.

Comment les investisseurs dans leur ensemble peuvent-ils espérer s'enrichir si les coûts de transactions excèdent les profits de compagnies ? C'est impossible. Tout simplement impossible. C'est comme un jeu de chaises musicales, à force de toujours vouloir vendre plus cher à quelqu'un d'autre, il finit par y avoir quelqu'un qui se fait prendre sans endroit où aller.

C'est ce que Buffett appelle l'« art de réduire les rendements à long terme ». Et dans ce sens, les dirigeants d'entreprises mettent de l'huile sur le feu en fournissant des pronostics sur les profits futurs de leurs compagnies, enjoignant ainsi aux courtiers de miser sur des résultats meilleurs ou moins bons que prévu. Tous ces pronostics[29] ne changent pas, dans les faits, les résultats de la compagnie, mais ils exacerbent la psychologie des intervenants du marché en suscitant chez eux le désir de prévoir, qui est pratiquement irrépressible.

> « Notre cerveau n'est tellement pas habitué d'agir à contre-courant du groupe qu'il nous faut fournir un effort surhumain pour y arriver. »
>
> – André Gosselin[30]

Est-ce mieux de nos jours ?

Vous vous dites sans doute que ces données datent de l'an 2000 et que les choses se sont calmées depuis. Eh bien, détrompez-vous. La capitalisation totale des compagnies inscrites à la Bourse de New York est de 16,613 E$[VI]. En 2013-2014, il s'est échangé, en moyenne, une valeur de 169 G$[VII] d'actions à cette seule Bourse américaine. Cela signifie donc

VI. E$ signifie trillion de dollars.
VII. G$ siginifie milliard de dollars.

que, chaque jour, 1 % des actions inscrites change de main. On peut en déduire un taux de rotation annuel de plus de 225 % ou un temps de détention moyen inférieur à 6 mois.

Et qu'en est-il des compagnies que nous étudierons ?

Pour répondre à cette question, j'ai assemblé un tableau vite fait que vous pouvez consulter à la page suivante. Je suis allé sur [finance.google.com] et j'ai compilé deux statistiques pour chacune des compagnies : le nombre total des actions en circulation (colonne 1) et le volume quotidien moyen (colonne 2). Par la suite, j'ai multiplié par 252 jours d'ouverture des marchés afin d'obtenir le volume annuel moyen (colonne 3). Ce chiffre est une extrapolation. Ce n'est pas le chiffre officiel, mais c'est une assez bonne approximation.

Ensuite, tout ce qu'il suffit de faire est de diviser le volume annuel par le nombre d'actions en circulation et on obtient le taux de rotation (colonne 4). Plus de 100 % signifie que toutes les actions en circulation ont changé de main au cours de l'année. Si des personnes conservent leurs actions à long terme et ne vendent jamais, cela signifie également qu'une autre partie des actionnaires s'est échangé les actions de la compagnie à plusieurs reprises au cours de l'année.

Pour obtenir le temps de détention moyen, vous n'avez qu'à diviser douze mois par le pourcentage obtenu (colonne 5). Facile.

D'entrée de jeu, on constate que les actionnaires de la Banque Royale ont une vision à plus long terme car le taux de rotation n'est que de 38 % et la détention moyenne de 31 mois. Alimentation Couche-Tard comporte un taux de 50 % et CIBC, un taux de 63 %. Nous sommes encore loin de la détention à long terme, mais ce n'est pas si mal.

À l'autre bout du spectre, on retrouve Apple (276 %, 4,3 mois), Amazon (169 %, 7,1 mois) et Ford (203 %, 6 mois). Les actionnaires de ces compagnies sont moins patients et vendent et achètent leurs actions sur les bonnes et mauvaises nouvelles de manière plus radicale.

Tableau 4 – Taux de rotation de compagnies étudiées

COMPAGNIE	ACTIONS EN CIRCULATION (Millions $)	VOLUME MOYEN PAR JOUR (Millions $)	VOLUME ANNUEL MOYEN (Millions $)	TAUX DE ROTATION ANNUEL	TEMPS DE DÉTENTION MOYEN
ALIMENTATION COUCHE-TARD	417	0,8	208	50 %	24 mois
AMAZON	462	3,1	781	169 %	7,1 mois
APPLE	5 990	65,8	16 580	276 %	4,3 mois
BANQUE ROYALE	1 440	2,2	554	38 %	31 mois
BOMBARDIER	1 440	4,5	1 134	79 %	15 mois
CIBC	397	1,0	252	63 %	19 mois
COSTCO	437	1,8	466	107 %	11,2 mois
FORD	3 930	31,8	8 013	203 %	6 mois
GOOGLE	338	1,5	390	115 %	10,4 mois

Toyota n'est pas présente dans ce tableau, car je n'avais pas accès facilement à ses statistiques (seulement les certificats américains d'actions étrangères). BNSF n'y est pas non plus, étant donné que la compagnie a été achetée par Buffett en 2009. Pour ce qui est de Nortel, j'ai des statistiques qui datent du 27 juin 2008, alors que je révisais mon cours *Buffett et Cie*. Nortel affichait alors une moyenne quotidienne d'actions *transigées* de 2,68 M$, ce qui équivalait à un taux de rotation de 280 %. La compagnie ne faisait aucun profit, mais les coûts engendrés par ces transactions se comptaient par millions de dollars. Désolant.

Et les nouvelles vedettes du Web ?

Les Twitter, Facebook et Netflix de ce monde ont lancé leur compagnie à la Bourse. Ce sont de nouvelles entreprises dans de nouveaux secteurs. Leurs actionnaires sont-ils patients et disciplinés ? Vous aurez déjà deviné que NON !

Tableau 5 – Taux de rotation de certaines compagnies du Web 2.0

COMPAGNIE	ACTIONS EN CIRCULATION (Millions $)	VOLUME MOYEN PAR JOUR (Millions $)	VOLUME ANNUEL MOYEN (Millions $)	TAUX DE ROTATION ANNUEL	TEMPS DE DÉTENTION MOYEN
TWITTER	615	26,2	6 602	1 073 %	1,11 mois
NETFLIX	60	1,84	464	773 %	1,5 mois
FACEBOOK	2 020	33,5	8 437	417 %	2,9 mois

Twitter obtient un taux de rotation de 1 073 %, donc un temps de détention moyen de 1,11 mois. Quatre semaines ! C'est le temps moyen que les gens détiennent leurs actions de Twitter. C'est déjà mieux que le temps qu'ils retiennent les *tweets* qu'ils y lisent ! Facebook est le plus sérieux des trois, avec juste un peu moins de 3 mois et 417 %. Plus ça change, plus c'est pareil.

Jarislowsky le résume bien : « [...] chaque dollar versé au courtier, au conseiller ou à la firme de courtage de même qu'aux banquiers, aux avocats, aux comptables, aux services de fiscalité, et ainsi de suite, provient des goussets de l'investisseur. [...] Toute transaction est coûteuse. Donc, moins on effectue de transactions, moins on paie de commissions et plus rentables sont les placements. » C'est clair !

Les fonds de placement

Saviez-vous que les commissions payées par les FCP ne sont pas incluses dans les ratios de frais de gestion (RFG) des fonds ? Elles sont incluses dans le prix payé pour les actions (par le coût moyen) et sont enlevées du montant net lors de la vente. Pour avoir un aperçu des commissions versées par votre compagnie de FCP préférée, prenez son rapport annuel et fouillez les notes des états financiers. Elles sont enfouies à la toute fin des notes, souvent à l'avant-dernière page. On s'est normalement endormi avant de se rendre jusque-là. Vous y trouverez des renseignements surprenants. Nous parlons ici de coûts supplémentaires pouvant aller de 0,20 à 0,80 %, selon la manière dont le fonds est géré. C'est beaucoup d'argent, et cet argent-là n'est pas disponible pour les épargnants.

« J'ai entendu une fois, dans un dessin animé, qu'un commentateur avait dit : "Il n'y a pas eu de transactions à la Bourse aujourd'hui. Tout le monde était content de ce qu'il avait." Eh bien, si c'était vraiment le cas, les investisseurs dans leur ensemble conserveraient 130 G$ par année dans leurs poches ! »

– Warren Buffett, lors d'une allocution en 1999

Buffett fait allusion ici aux coûts totaux des transactions sur les actions aux États-Unis. Afin de remettre cela en perspective, 130 G$ US, c'est plus que la valeur totale de Coca-Cola. C'est deux fois la valeur de la Banque Royale. Annuellement. Ici, au Canada, nos habitudes, même si elles ne sont pas identiques, sont toutefois assez semblables. Nous évaluons ces mêmes coûts « frictionnels » à environ 20 G$.

Buffett prend comme exemple Isaac Newton. Ce scientifique de génie, réputé pour nous avoir donné les trois lois du mouvement, encore valides et étudiées aujourd'hui, n'avait pas le même génie en matière d'investissement. Il a laissé sa chemise dans la faillite de la South Sea Bubble, en 1720. Plus tard, il expliqua candidement : « Je peux calculer le mouvement des étoiles, mais pas la folie des hommes. » Buffett ajouta, avec sa vitesse de pensée habituelle : « S'il n'avait pas été traumatisé par ses pertes, *sir* Newton aurait probablement développé une quatrième loi du mouvement : "Pour les investisseurs, en tant que groupe, les rendements diminuent au fur et à mesure que les mouvements s'accroissent." »

CHAPITRE CINQ

L'*ADDICTION* AUX PRÉDICTIONS

> « À peu près tout le monde qui s'intéresse au marché des actions veut se faire dire par quelqu'un d'autre ce que feront les marchés dans un proche avenir. La demande étant là, elle doit être comblée. »
>
> – Benjamin Graham

On vous annonce que, cet été, ce sera chaud et sec. Nous sommes en mars. Vous souriez, car vous êtes comme bien des gens. Vous aimez les étés chauds et secs, surtout au Québec !

Nous sommes maintenant à la mi-août, vous avez pris vos vacances, au Québec, bien sûr ! Vous vous êtes équipé en camping, car on vous avait prédit un été chaud et sec. Vos vacances sont terminées et il a plu dix jours sur quatorze. Pas *cool*. Vous ne souriez plus.

Pourtant, nous continuons à regarder, à écouter ou à lire la météo, car nous voulons savoir quel temps il fera. Nous consultons l'horoscope quotidien (sans le dire à personne, bien sûr !) pour savoir comment ira notre journée.

Nous aimons les prévisions

Nous adorons quand un économiste ou un quelconque expert se prononce sur l'avenir de telle compagnie ou sur l'économie de tel pays et nous mentionne au passage où iront les taux d'intérêt. On a l'impression de savoir et eux aussi, ils ont l'impression que l'on sait. C'est bon.

Nous aimons les prévisions. Elles nous rassurent, nous réconfortent, dans un monde qui n'est pas toujours commode. Les prévisions sont utiles à plusieurs égards. C'est agréable de savoir que notre train, autobus ou avion sera à l'heure. Nous pouvons ainsi mieux organiser notre emploi du temps. Lorsqu'un ami ou un enfant nous dit qu'il arrivera à telle heure ou qu'il aura du retard, ça nous sécurise, ça nous rassure. Grâce aux prévisions météo, nous « savons » s'il y aura du gel au sol et nous pouvons rentrer nos tomates et nos fleurs. Nous écoutons la radio pour « connaître » le trafic et éviter les embouteillages.

La firme Thompson propose un produit appelé Thompson First Call. Elle publie les comptes rendus des prédictions de 700 différents analystes, pour plus de 21 500 actions de compagnies. Ce produit d'informations est vendu à plus de 50 000 institutions financières. Une base de données de prévisions qui permet de faire des prédictions en consultant les prédictions des autres ! Comme le disait Graham, « la demande étant là, elle doit être comblée ».

C'est peut-être la faute de notre cerveau. Les psychologues ont réussi à démontrer que si vous présentez une série aléatoire à une personne et que vous lui dites que la série est imprévisible, elle essayera quand même de deviner (de prédire) ce qui arrivera ensuite. C'est plus fort qu'elle.

On investit dans une action et on sait, on pense, on espère que cette action sera la prochaine Microsoft, le prochain Google. Ce n'est pas nous qui le disons, c'est un collègue du bureau, c'est notre beau-frère qui nous le susurre à l'oreille, c'est une connaissance du collège que nous rencontrons par hasard qui nous passe ce formidable tuyau que cette compagnie de pile en lithium fera un tabac dans les prochaines années…

Les toutes dernières recherches en neurosciences nous démontrent que notre cerveau est créé et a évolué pour percevoir des schémas répétitifs (le terme anglais utilisé est *patterns*). Un fonds qui obtient de bonnes cotes étoilées, une action qui monte trois ou quatre jours d'affilée, de bonnes nouvelles à répétition concernant notre compagnie de fabrication d'avions régionale favorite sont de bonnes occasions... Après qu'un événement est répété deux ou trois fois de suite, des régions du cerveau (je vous fais grâce des termes scientifiques !) anticipent automatiquement que ça se reproduira. Le mot important à retenir est *automatiquement*, c'est-à-dire que nous ne possédons pas de contrôle direct sur ce phénomène.

Nous avons évolué ainsi, donc nous pourrions presque avoir envie de ne pas nous sentir coupables !

Les psychologues ont également découvert que, lorsque nous prévoyons une chose, et qu'elle se concrétise, notre cerveau produit une substance chimique naturelle : la dopamine.

Celle-ci nous amène une douce euphorie, tout à fait légale, et nous récompense d'avoir eu raison dans notre prédiction ! Vous avez bien lu : notre cerveau produit une substance qui nous récompense parce que nous avons bien deviné ! Quand on a raison, on a un bonbon. Pas surprenant que l'on soit accro !

Note

Ne faites pas qu'écouter les psychologues. Observez-vous. Prenez conscience de votre état lorsque vous ferez une prévision quelconque, la prochaine fois. Vous verrez qu'il y a un petit « hip » qui arrive si vous avez raison. On est drôlement fait !

Donc, pour n'importe quel sujet, on cherche à avoir raison. Encore et encore. Pas génial, surtout si vous êtes un investisseur ! On veut prédire et avoir raison ! Comme le chien, dans l'expérience d'Ivan Pavlov, on recherche la récompense, on a un comportement conditionnel lorsque la cloche sonne, à 9 h 30, à l'ouverture des marchés !

En 1999, une étude menée conjointement par Paine Webber et Gallup a démontré que les investisseurs qui étaient dans le marché depuis moins de 5 ans avaient des anticipations de rendement pour les 10 prochaines années, tenez-vous bien et n'ajustez pas vos lunettes, de 22,6 % ! Oui, ils ont bien dit 22,6 % d'anticipation de rendements annuels ! Pour les dix prochaines années !

Ceux qui avaient plus de 20 ans d'expérience étaient quand même plus raisonnables, leurs attentes étant moindres, soit un maigre 12,9 % ! Pour les dix années à venir... La dopamine à son meilleur !

Les investisseurs ne faisaient que répondre à ce que les médias et les spécialistes leur envoyaient comme message. Jason Zweig en offre une belle preuve par ce récit très instructif. « Ainsi, le 10 mars 2000, le jour même où l'indice NASDAQ atteignait son plus haut de tous les temps à 5 048,62, l'analyste principal, de Prudential Securities, Ralph Acampora, déclara au *USA Today* qu'il s'attendait à ce que le NASDAQ atteigne 6 000 d'ici les 12 à 18 prochains mois.

Cinq semaines plus tard, le NASDAQ avait déjà dégringolé à 3 321,29 – mais Thomas Galvin, un analyste de la stratégie des marchés de Donaldson, Lufkin & Jenrette, a déclaré qu'il n'y avait encore *que* 200 à 400 points de baisse à venir et que le NASDAQ avait un potentiel de 2 000 points à la hausse. Il n'y a eu aucun point à la hausse et plus de 2 000 points à la baisse et le NASDAQ a continué de s'effondrer jusqu'à son plus bas, le 9 octobre 2002, à 1 114,11, ou 67 % de baisse depuis la prédiction !

En mars 2001, Abby Joseph Cohen, stratège en chef de Goldman Sachs & Co, prévoyait que le S&P 500 terminerait l'année à 1 650 et que le Dow Jones terminerait l'année 2001 à 13 000. « Nous ne nous attendons pas à une récession, disait Cohen, et nous croyons que les profits des *corporations* continueront à s'accroître au même rythme que l'an dernier. »

« L'économie américaine entrait en pleine récession au moment même où il parlait, et le S&P 500 a terminé l'année 2001 à 1 148,08, alors que le Dow finissait à 10 021,50 – 30 et 23 % plus bas que les prédictions respectives[31]. »

Nous nous retrouvons donc coincés entre deux éléments : d'un côté, nous avons un besoin très fort de nous faire dire où nous allons, et de l'autre, nous pouvons difficilement donner crédit aux prédictions des experts, car, en réalité, nous ne savons jamais.

Benjamin Graham disait qu'il n'y avait pas de base ni en logique ni en expérience pour qu'une personne prévoie, plus qu'une autre, les mouvements du marché. Pourtant, les investisseurs agiront selon ces mêmes prévisions, disaient-ils. Pourquoi ? « Parce qu'il [l'investisseur] a été persuadé que c'était important pour lui de se former une opinion sur le cours futur des actions et qu'il croit que le service de recherche de la firme de courtage est plus fiable que son propre jugement. »

À la lumière des récentes recherches, on comprend encore mieux le principe « Tenez-vous loin de la Bourse » et le fait que Buffett a toujours préféré demeuré à Omaha afin de ne pas être exposé à tout ce bruit. De plus, lors de l'assemblée annuelle des actionnaires ou dans toute autre communication, il refuse de faire des prédictions sur les marchés.

Il dit même que le fait, pour les compagnies publiques, d'être toujours en train d'émettre des prévisions de bénéfices pour le prochain trimestre, est nocif pour l'investisseur. Cela attire l'attention sur les résultats à court terme et force les dirigeants à livrer les chiffres escomptés à chacun des trimestres. J'ai déjà été personnellement témoin d'une baisse de 6 %, en une seule journée, d'une action de compagnie qui avait raté sa cible de bénéfice par… 0,01 $! Le marché n'avait vraiment pas aimé !

JE VOUS PRÉSENTE MONSIEUR DE LA BOURSE

« Après l'achat d'actions, nous n'aurions pas à être perturbés si les marchés fermaient pour un an ou deux. Nous n'avons pas besoin, pour valider notre choix, de connaître la cotation quotidienne pour notre participation dans See's ou H.H. Brown. Pourquoi, alors, aurions-nous besoin d'une cotation pour notre participation de 7 % dans Coke ? »

– WARREN BUFFETT, RAPPORT ANNUEL, BERKSHIRE HATHAWAY, 1993

Lorsqu'il est question de Benjamin Graham, de Warren Buffett ou de quelconques gestionnaires de style valeur, vous entendrez souvent parler de la parabole que Graham racontait à ses étudiants lorsqu'il enseignait. Il ne leur parlait pas de toutes ces glandes et des fonctions obscures du cerveau, comme nous venons de le voir. Sa façon à lui de faire « prendre conscience » à ses étudiants était sous la forme d'une histoire sympathique qui mettait en vedette Monsieur De La Bourse.

Il demandait aux étudiants de s'imaginer qu'ils possédaient une petite entreprise dans laquelle ils avaient investi 1 000 $...

Donc, l'un de leurs partenaires, Monsieur De La Bourse, est un homme très dévoué. Chaque jour, il vient leur dire ce qu'il pense de leur participation dans l'entreprise et, mieux que cela, il leur offre de leur vendre sa part ou de leur acheter la leur sur la base du prix qu'il leur soumet. Quelquefois, son idée de la valeur de leur entreprise leur apparaît comme plausible et justifiée par les développements et possibilités futures tels qu'ils les connaissent. Par contre, il arrive souvent que Monsieur De La Bourse se laisse emporter par son enthousiasme ou ses peurs irrationnelles et, à ce moment, les prix qu'il leur propose leur apparaissent comme de la pure folie. Ils se demandent même s'il n'est pas un peu bipolaire.

Graham poursuit en disant que, s'ils sont un investisseur prudent, ou un homme d'affaires avisé, ils ne se laisseront pas influencer par les communications quotidiennes de Monsieur De La Bourse. Son opinion leur importera peu, car ils savent ce que vaut leur entreprise.

Ils tiendront compte de l'opinion de Monsieur De La Bourse seulement dans le cas où ils sont en accord avec lui, ou qu'ils souhaitent *transiger* avec lui. Ils sont peut être heureux de lui vendre s'il leur offre un prix ridiculement élevé, ou d'acheter de lui s'il leur offre ses parts à un prix indécemment bas. Mais, le reste du temps, ce serait plus sage de leur part de se faire leur propre idée de ce qu'ils possèdent, basé sur un rapport complet des activités de la compagnie et de sa position financière.

Le vrai investisseur est dans cette position lorsqu'il possède une compagnie inscrite à la Bourse. Il peut prendre avantage du marché quotidien ou laisser les cours aller, selon son bon jugement. Il doit prendre connaissance des forts mouvements de marchés, sinon son jugement ne sera pas appuyé sur des bases solides.

Bien sûr que les fluctuations de prix peuvent lui donner un signal d'avertissement, et s'il y porte attention, cela voudra dire qu'il vendra à cause du fait que le prix a baissé et ainsi il se prémunirait d'une pire dégelée. Selon Graham, ce genre de signal est aussi souvent décevant et mauvais qu'il peut être bon et utile.

Fondamentalement, les fluctuations de cours ont une seule signification pour le vrai investisseur. Elles lui procurent une possibilité d'acheter sagement quand le prix est bas ou de vendre sagement quand le prix est haut. En n'importe quel autre temps, il serait préférable d'ignorer complètement les fluctuations et le marché dans son ensemble, et de se concentrer plutôt sur les résultats d'opérations des compagnies qu'il détient et des dividendes qu'il reçoit.

« La plus grande distinction entre un spéculateur et un investisseur se trouve dans la manière dont les deux regardent les mouvements du marché[32]. »

Selon Graham, l'intérêt principal du spéculateur est dans l'anticipation des mouvements du marché afin d'en profiter, ce qu'il appelle le *timing*. D'un autre côté, l'intérêt principal de l'investisseur est dans l'acquisition et le maintien d'actions de compagnies, payées à un prix raisonnable. La raison pour laquelle les prix courants sont importants pour lui est qu'ils créent des occasions d'achats, auxquelles il réagira en achetant ce qu'il aime, et des occasions de vente, auxquelles il réagira en vendant ce qui a extrêmement monté, ce qu'il appelle le *pricing*. Dans les deux cas, Monsieur De La Bourse joue un rôle, mais pas le même.

Monsieur De La Bourse est-il toujours de la partie ?

Une plus récente version d'*Intelligent Investor*, commentée par le journaliste financier Jason Zweig, est maintenant offerte. Ce qui est intéressant, c'est qu'à la version originale du livre, Zweig juxtapose des commentaires concernant de récents événements. Dans le fameux chapitre 8 où Graham parle de la Bourse et nous raconte l'anecdote de Monsieur De La Bourse, l'auteur nous raconte une histoire d'horreur d'Inktomi, une compagnie de technologie (quoi d'autre !) qui *se transigeait* à son plus haut en mars 2000 à 231,625 $ l'action, ce qui représentait une hausse de 1 900 % depuis son entrée en Bourse 2 ans auparavant.

Dans son enthousiasme délirant et débridé, Monsieur LaBourse avait oublié un léger facteur : la compagnie ne faisait pas de profit ! Elle perdait même de l'argent... beaucoup d'argent ! Six millions de dollars lors du plus récent trimestre, vingt-quatre millions de dollars au cours des douze mois précédents et vingt-quatre autres millions pour l'année d'avant. Malgré cela, Monsieur De La Bourse évaluait cette compagnie à 25 G$! C'est la somme à laquelle on arrivait en multipliant le nombre d'actions en circulation par le prix par action que Monsieur De La Bourse était prêt à payer...

Quelques mois plus tard, fidèle à sa réputation et à son habitude, Monsieur De La Bourse a sombré en profonde dépression. Ça n'allait plus du tout. Il a fait passer l'action d'Inktomi de 231,625 $ à, tenez-vous bien, 0,25 $ (ça ne vous rappelle pas une certaine compagnie dont le nom commence par N et finit par tel ?). Donc, en réalité, la valeur boursière d'Inktomi est passée de 25 G$ à 40 M$. Toute une dégelée ! Était-ce parce que les affaires de cette compagnie n'allaient pas bien ? Son chiffre d'affaires était-il à la baisse ? Pas du tout ! Au contraire ! La compagnie avait généré des ventes de 113 M$.

Alors, qu'est-ce qui avait changé ? L'état d'esprit de Monsieur De La Bourse ! En mars 2000, dans sa phase « maniaco », il était prêt à payer 250 fois les revenus générés par la compagnie et, en septembre 2002, il ne payait plus que 0,35 fois ces mêmes revenus. Il était passé de la phase « Dr Jekyll » à « M. Hyde », pour paraphraser Zweig. Il avait décidé de massacrer toutes les compagnies qu'il considérait s'être moquées de lui.

Note

J'ai fait ma petite recherche sur Internet et j'ai appris qu'Inktomi a été fusionnée à Yahoo ! L'annonce a été faite en décembre 2002, soit trois mois après la descente aux enfers. La transaction a été évaluée à 235 M$, ou à 1,65 $ par action. Entre 0,25 et 1,65 $, il y a 660 % de gain !

UNE HISTOIRE QUI SE RÉPÈTE

Voici une histoire de chasse, extraite de l'une des célèbres lettres de Buffett à ses actionnaires : « Deux gars partent à la chasse à l'orignal et prennent un hydravion pour se rendre à l'endroit de leur chasse. Le pilote les avertit qu'il pourra ramener un seul orignal par chasseur, sinon l'appareil ne pourra pas décoller. Les deux semaines passent et le pilote revient. Les deux chasseurs arrivent avec deux orignaux chacun. "Je ne peux pas vous prendre tous les deux et vos quatre originaux", leur dit le pilote. "Mais oui, vous le pouvez. L'année passée, vous nous avez dit la même chose. Nous vous avons donné 1 000 $ et vous nous avez embarqués." Alors, les deux chasseurs paient le pilote et tous les trois décollent. Comme vous le devinez, l'avion s'envole avec peine, et à cause du surplus de poids, manque d'essence avant d'arriver à destination. L'avion s'écrase donc, ne faisant par contre aucune victime. L'un des deux chasseurs demande à l'autre en sortant du cockpit : "Sais-tu où nous sommes ?" "Pas vraiment certain, répond l'autre, mais ça ressemble beaucoup à l'endroit où nous nous sommes écrasés l'année passée." »

Donc, il ne suffit pas de lire, de dire que l'on comprend et de prendre des notes. Encore faut-il amener l'expérience acquise dans les gestes et les actions que nous faisons. Sinon, nous risquons de nous retrouver... à la même place que l'année dernière !

CHAPITRE SIX

LES DEUX SEULES QUESTIONS QUE VOUS AVEZ BESOIN DE VOUS POSER

« Si vous n'étudiez aucune compagnie, vous avez autant de chance de faire de l'argent en investissant dans les actions que vous en auriez en misant au poker sans regarder vos cartes. »

– Peter Lynch

CONSEILS AUX INVESTISSEURS, BUFFETT, 1996

Dans sa lettre aux actionnaires de 1996, Buffett a écrit une courte page aux gens au sujet de leur stratégie d'investissement en général. Il commence en affirmant que la plupart des investisseurs trouveront que la meilleure manière de détenir des actions est par des fonds indiciels qui exigent des frais minimes, et ce, qu'ils soient des investisseurs individuels ou une institution. Ceux qui choisiront cette voie sont assurés d'obtenir de meilleurs résultats (après commissions et frais de gestion) que la très grande majorité des professionnels de l'investissement.

Mais, rajoute-t-il, si les investisseurs décident de construire leur propre portefeuille d'actions, voici quelques idées qu'ils voudront retenir. Il affirme, comme il le fait depuis plusieurs années, que l'investissement intelligent n'est pas complexe en soi, mais ça ne veut pas dire que ce soit facile. Ce dont un investisseur a besoin est l'habileté de correctement évaluer des compagnies sélectionnées. Ici, il met l'accent sur le mot *sélectionnées.* À son avis, un investisseur n'a pas besoin d'être un expert de toutes les compagnies, ni même de plusieurs.

Selon lui, un investisseur doit être en mesure d'évaluer des compagnies qui sont en dedans de son cercle de compétences, et ce n'est pas tellement la dimension de son cercle de compétences qui importe, mais à quel point il en connaît les limites. Connaître la limite de ses compétences et de son ignorance est, d'après lui, une qualité fondamentale d'un bon gestionnaire, d'un investisseur intelligent. Il a écrit ceci en 1996, mais je l'ai entendu à plusieurs reprises revenir sur ce point et je l'ai lu également. Nous devons rester à l'intérieur de nos limites, ne pas nous aventurer dans des investissements que nous ne comprenons pas bien. Si ce n'est pas clair et limpide, ne le faisons pas.

Et il en rajoute en disant que nous n'avons pas besoin de comprendre le bêta, la théorie des marchés efficients, la théorie moderne de portefeuille, le *pricing* des options ou les marchés émergents. De fait, nous ferions même mieux de ne rien connaître de tout cela ! Cette affirmation de sa part va bien sûr à l'encontre de tout ce qui est enseigné dans la plupart des écoles d'administration américaine et également au Canada[33].

Toujours selon Buffett, vous n'auriez besoin que de deux cours : *Comment évaluer une compagnie* et *Comment réfléchir en termes de prix du marché.* « Votre but en tant qu'investisseur devrait simplement être d'acheter, à un prix rationnel, une partie d'intérêts (actions), dans une compagnie-facile-à-comprendre, dont les bénéfices sont pratiquement assurés d'être plus élevés dans cinq, dix et vingt ans. Au fil du temps, vous verrez que très peu de compagnies répondent à ces standards – alors, lorsque vous tomberez sur une qui se qualifie, vous devriez acheter une quantité importante de ses actions. Vous devez également résister à la tentation de dévier de ces principes : si vous n'êtes pas prêt à posséder une action pour dix ans, vous ne devriez pas la posséder pour dix minutes. »

Le premier paragraphe résume l'essentiel de la pensée buffettienne. Des compagnies simples à comprendre, dont les bénéfices augmentent régulièrement et qui sont achetées à un prix rationnel.

Étudiez avant d'investir. Analysez afin de ne pas céder aux émotions. Mettez en perspective les résultats des entreprises de manière différente et identifiez ce que les autres ont peut-être négligé.

Les deux seules choses que vous avez besoin de connaître résument en deux questions l'essence du mot *investir* pour le « gestionnaire valeur ». Ce sont deux énoncés simples, mais les conséquences de leurs réponses feront toute la différence entre un investissement intelligent ou non.

Les pages suivantes sont de nature plus financière et comptable parce qu'il faut une base mathématique pour prendre une décision financière (bénéfices, rendement de l'avoir, endettement, etc.). Il y a d'excellentes entreprises avec un brillant avenir sur le marché, mais à quel prix ? Ces calculs, tirés de diverses littératures financières concernant le style de Buffett, nous aideront à mieux comprendre le processus d'analyse.

La zone de succès de l'investisseur, ou quand des principes de baseball s'appliquent à l'investissement ! Ce graphique (p.156) vaut mille mots et résume cette section d'une manière sans équivoque. Vous pouvez le consulter immédiatement et pousuivre votre lecture ensuite.

Voici donc les deux questions qui résument l'essence de l'investissement :

1. Quoi acheter ?
2. À quel prix ?

L'ordre dans lequel sont abordées ces deux questions est très important. Dans un premier temps, on se concentre sur le *quoi*. Dans un deuxième temps, on réfléchit au *combien*. L'inverse mène souvent à de grandes déceptions : investir parce que ce n'est pas cher, que le prix a baissé, que cette action représente une aubaine, cela ressemble à l'approche valeur, mais ce ne l'est pas.

C'est un peu comme si vous alliez dans un magasin de rabais et que vous recherchiez absolument quelque chose de « pas cher ». Vous voulez trouver une aubaine. Vous ne savez pas au juste ce que vous voulez, vous êtes en train de flâner, de magasiner. Et vlan ! Vous découvrez un article soldé à un prix ridicule. Par la suite, vous pouvez dire : « Hé, t'as vu ? J'ai juste payé ça 1 $! », mais si vous ne vous servez jamais du « bidule » en question ou s'il se brise à sa première utilisation, était-ce vraiment un bon achat, même si ce n'était « pas cher » ?

Un exemple plus concret ? Beaucoup de gens ont acheté « du Nortel parce que ce n'était pas cher ». L'action se vendait à plus de 100 $ à son plus haut et elle n'était alors plus qu'à 20 $, soit un escompte incroyable de 80 % ! Nous connaissons la suite, et nous verrons certains éléments intéressants à ce niveau dans les prochains chapitres. C'est bien de vouloir faire des économies. Être économe et rechercher les ventes, ce ne peut pas être mauvais en soi, mais il faut d'abord savoir ce que l'on cherche. Il faut des critères de qualité. C'est primordial. Warren Buffett, en écrivant ce message à ses actionnaires, a réitéré d'une certaine manière les principes que Benjamin Graham[34] a édictés :

1. **Nous devons acheter une entreprise et non une action.** Il y a une grande différence entre le fait de se visualiser comme étant le propriétaire d'une entreprise et le fait d'être quelqu'un pour qui une action est un outil transactionnel que l'on possède pendant un certain temps et qui sera revendue assez rapidement. Les gestionnaires valeur ont tendance à souscrire à la première définition. Ce premier principe vient supporter la première question « Quoi acheter ? ».

2. **Le marché est là pour nous servir et non le contraire.** Comme on l'a vu au chapitre précédent, les prix ainsi que les émotions fluctuent énormément. Le fait d'être en contrôle de ses émotions permet d'agir à contre-courant et d'être servi par les folies du marché boursier au lieu du contraire. Le fait également de savoir ce que l'on recherche et de se fixer un prix maximum d'achat permet de reconnaître une aubaine au travers d'actions surévaluées. Ce deuxième principe vient soutenir la deuxième question « À quel prix ? ». Quand vous verrez le marché comme votre serviteur, vous aurez le sourire plus facile lorsque vous verrez les baisses de 2, 5 ou même 10 % s'afficher sur votre téléphone mobile ! Vous direz : « Hé, il y a un solde en cours, je me demande si l'une des compagnies qui m'intéressent est en vente actuellement ? »

3. **Gardons-nous toujours une marge de sécurité.** Voici un prolongement du deuxième point. Lors de l'achat d'une action, nous devons nous assurer que le prix payé est juste, et même qu'il nous permet une marge de sécurité si jamais nous nous trompons. Si vous payez une maison 100 000 $, votre risque de perdre 50 000 $ en cas de revente est faible, mais si vous payez une maison 750 000 $, le risque de perdre un montant important à cause d'une baisse du prix de l'immobilier est alors plus important, car le prix pour une résidence est près de 8 fois plus élevé.

Le principe du *pricing* ou de la valorisation signifie plutôt d'acheter les actions lorsqu'elles sont cotées en bas de la valeur, jugée juste, par l'investisseur et de les vendre lorsque celles-ci sont jugées survalorisées par le marché, toujours selon l'analyse de l'investisseur.

Une manière moins ambitieuse de faire du *pricing* serait de se concentrer plutôt sur la partie achat et de s'assurer de ne pas payer trop cher lorsque l'on décide d'investir. Ce simple principe pourrait suffire à l'investisseur dont l'intérêt est sur le long terme et qui désire mettre un minimum d'effort sur l'attention à donner aux marchés financiers.

LE CAS DE LA GOMME WRIGLEY

Un bel exemple qui est donné dans le livre de Mary Buffett[35] est la compagnie de gomme à mâcher Wrigley. Son action s'échangeait entre 11,80 et 17,90 $ en 1989. Dix ans plus tard, elle avait grimpé à 100 $. Si quelqu'un avait payé 11,80 $ en 1989 pour le même prix actuel de 100 $, son taux de rendement composé annuel sur cette action aurait été de 23,8 %. S'il avait payé le prix le plus cher, soit 17,90 $, son taux aurait été de 18,7 %. Sur un investissement de 100 000 $, la différence sur 10 ans est de 290 406 $ de plus si l'on a payé le petit prix au lieu du gros.

Payer moins cher initialement permet d'avoir de bien meilleurs taux de rendement ultérieurement, d'augmenter sa marge de sécurité, de réduire le risque. C'est le principe de ceux qui attendent les soldes et qui épluchent les circulaires chaque semaine dans le but d'en avoir le plus possible pour leur argent, tout en sachant exactement ce qu'ils souhaitent acheter.

En finance, on ne connaît pas l'avenir, mais l'une des manières les plus efficaces de gérer le risque est de s'assurer par tous les moyens de ne pas payer un prix exorbitant au point de départ. Affirmation à retenir : plus votre prix initial est élevé, plus votre rendement initial est bas et plus l'effet composé à long terme est bas.

CHAPITRE SEPT

MONOPOLE IDENTIFIABLE (PRINCIPE DE LA DOUVE)

«Achetez seulement des choses que vous serez parfaitement heureux de posséder si le marché s'effondre pendant dix ans.»

– Warren Buffett

— Ce que nous recherchons, c'est une entreprise qui a une forme de monopole identifiable.

— Un monopole ? N'est-ce pas illégal ?

— Je ne veux pas parler d'un monopole imposé et illégal. Je fais référence à une marque qui propose des produits ou des services qui sont tellement bons que vous ne voulez pas faire affaire avec une autre.

— Mais, tout le monde fait affaire ailleurs. Il y a de la compétition partout, non ?

— Oui, mais il y a Compétition et compétition. La Compétition avec un grand C vous force à abaisser vos prix. Vous avez beau vous démener avec de nouveaux produits ou services, la compétition en trouve toujours de meilleurs et de moins chers et les consommateurs se ruent sur eux et vous abandonnent.

— C'est de ça que je veux parler. Donc, il n'y a pas de monopole !

— Et il y a compétition avec un petit c. Il semble y avoir de la compétition, mais il n'y en a pas vraiment. La compagnie s'est tellement bien démarquée au fil des ans que ses clients lui sont fidèles et sont prêts à payer un peu plus cher s'il le faut afin de continuer à acheter son produit ou son service.

— Ça me semble trop beau pour être vrai, cette histoire. Vous avez des exemples ?

— Warren Buffett s'est rendu célèbre en investissant dans ce genre de compagnies. Vous en connaissez quelques-unes, je crois... Coca-Cola, Gillette (maintenant fusionnée avec Proctor & Gamble), GEICO, American Express, Budweiser, et ainsi de suite.

— Ce sont toutes de grosses compagnies américaines !

— Parce que M. Buffett vit là-bas ! Je suis convaincu que s'il avait vécu ici, au Canada, il aurait trouvé ce genre d'entreprises dans notre pays.

— Mais toutes ces compagnies n'ont pas le monopole !

— Non, mais elles ont toutes de très fortes positions sur les marchés. Un jour, on lui a demandé pourquoi il avait acquis autant d'actions de Coca-Cola, et vous savez ce qu'il a répondu ? Que si vous lui donniez 1 G$, ainsi que les 50 meilleurs gestionnaires disponibles au pays afin de créer une compagnie qui compétitionnerait avec Coca-Cola, il vous rendrait votre argent et renverrait les gestionnaires en vous disant que c'est impossible. Telle est la force d'une marque de commerce, d'un positionnement de produit, d'une façon de faire exceptionnelle.

— Donc, je devrais vendre tout ce que je possède et m'acheter des actions de Coke ?

— Non ! Ne faites pas ça ! Même si Coca-Cola demeure une très bonne compagnie, cela ne veut pas dire qu'elle *se transige* à un prix qui est abordable en ce moment. Demeurez avec nous, et vous devriez être un peu plus éclairé.

Buffett considère toute entreprise comme un château fort. Plus une entreprise semble profitable et attirante, plus il y aura d'assaillants qui tenteront de prendre d'assaut le château (lire « de s'emparer de ses parts de marché »), ce qui aura pour effet de faire diminuer les prix, le nombre d'unités vendues et éventuellement les profits. Il s'agit de la fameuse loi de l'offre et de la demande comprise dans Économie 101. Alors, comment contourner ce problème ? Il faut que la compagnie ait un avantage compétitif, une forme de douve, comme dans l'illustration ci-contre.

L'avantage compétitif permet à la compagnie de maintenir ses marges de profit et d'augmenter ses prix pour suivre l'inflation. Un avantage peut être la force d'une marque (Coke, la plus connue mondialement), le fait que l'on doive passer par un service (American Express) ou une domination d'un marché très spécifique comme la compagnie Gillette, (maintenant intégrée à Proctor & Gamble) qui occupe 70 % du marché mondial des ventes de lames de rasoir.

Le cas de Coca-Cola est un classique du genre : elle est la plus grande compagnie de boissons au monde. Elle vend plus de cinq cents différentes sortes de boissons rafraîchissantes (avec ou sans bulles) dans plus de deux cents pays à travers le monde. Quinze de ces marques sont « milliardaires », c'est-à-dire que leurs ventes annuelles individuelles dépassent le milliard de dollars. Ces marques incluent Coca-Cola, Diet Coke, Fanta, Sprite, Vitaminwater, Powerade, Minute Maid, Simply Georgia et Del Valle[36].

Qui plus est, on peut être relativement certain que, dans dix ans, les êtres humains continueront de boire chaque jour afin de demeurer en vie. Internet ou la technologie ne changera pas, normalement, cette partie de notre fonctionnement biologique, et Coca-Cola est extrêmement bien positionnée afin d'offrir un grand choix de boissons à tous les habitants de la planète. Si vous avez déjà goûté à un Coke et si vous en appréciez vraiment le goût, vous ne voudrez pas vous contenter d'une imitation du type cola générique. Vous serez prêt à payer un peu plus pour « votre » Coke ou toute autre boisson que vous appréciez particulièrement. Vous pouvez remplacer le mot *Coke* par *Pepsi* et le raisonnement demeurera le même.

La marque Coca-Cola est tellement bien ancrée dans notre esprit qu'elle est évaluée à plus de 79 G$ selon la compagnie Interbrand. Cette compagnie s'est spécialisée dans l'évaluation des marques mondiales et publie annuellement son palmarès de marques qui ont la cote. Parmi les critères utilisés par Interbrand, on trouve ceux-ci :

- trente pour cent des revenus de la compagnie doivent provenir d'un marché différent de celui d'où elle provient ;

- la marque doit être vraiment globale et présente sur au moins trois continents « majeurs » ;
- les données financières doivent être disponibles afin d'évaluer les avantages financiers liés à la marque ;
- les perspectives de profits doivent être positives et omniprésentes, en rapport avec le coût lié à la construction de la marque.

Et c'est le dernier point qui nous intéresse, soit les avantages financiers liés au fait que l'entreprise se différencie et est perçue comme valant la peine d'être choisie par le consommateur. S'il n'y a pas cet avantage économique, la valeur de la marque, même si elle est connue, déprécie et ne « vaut » rien. Voici un tableau des dix marques-compagnies ayant la plus grande valeur selon Interbrand[37].

Tableau 6 – Classement des marques les plus valorisées à travers le monde selon Interbrand

	COMPAGNIE	VALEUR DE LA MARQUE (G$ = Milliards de $)	CHANGEMENT PAR RAPPORT À L'ANNÉE PRÉCÉDENTE
1	APPLE	98 G$	28 %
2	GOOGLE	93 G$	34 %
3	COCA-COLA	79 G$	2 %
4	IBM	78 G$	4 %
5	MICROSOFT	59 G$	3 %
6	GENERAL ELECTRIC	46 G$	7 %
7	MCDONALDS	41 G$	5 %
8	SAMSUNG	39 G$	20 %
9	INTEL	37 G$	-5 %
10	TOYOTA	35 G$	17 %

Ainsi, même si une compagnie ou une marque est connue, si les profits ne sont pas ou ne seront pas au rendez-vous, il n'y a donc pas lieu d'être dans le classement. Cela explique le fait que les compagnies aériennes ne sont pas présentes dans le classement, car, même si elles sont très connues, pour la plupart, leurs activités requièrent beaucoup de capital et sont exécutées avec de faibles marges de rentabilité. Les perspectives futures ne sont donc pas radieuses. La valeur de la marque à ce moment est quasi caduque.

Les compagnies pharmaceutiques ne sont pas non plus présentes dans ce classement, car, toujours selon Interbrand, les consommateurs sont plus fidèles aux produits (médicaments) de la compagnie qu'à la marque-compagnie elle-même.

Selon Interbrand, les avantages reliés à une marque forte sont que cela influence favorablement les consommateurs lors du processus d'achat. Ceux-ci seront autant, sinon plus, influencés par la marque que par le prix, les caractéristiques du produit et l'accessibilité à court terme. Une marque forte contribue même au bien-être financier d'une entreprise en attirant plus facilement le talent (ressources humaines) et en abaissant son coût de financement ! (Risque perçu comme moindre pour les marques fortes.)

En contrepartie de l'avantage compétitif, il y a des compagnies qui fournissent des produits de commodité. Elles ont tendance à afficher des profits inconsistants qui dépendent grandement de l'économie, de l'offre et de la demande ainsi que des grandes tendances.

Plusieurs compagnies technologiques peuvent tomber dans cette catégorie. Un exemple assez récent est la compagnie Research in Motion, maintenant connue sous le nom de BlackBerry, et fabriquant des téléphones intelligents du même nom. Sa réputation, sa profitabilité et son modèle d'affaires étaient très solides… jusqu'à l'avènement de l'ère « iPhone ».

La popularité de son produit n'a cessé de péricliter et la compagnie n'est plus maintenant que l'ombre d'elle-même. Est-ce que ce sort risque d'arriver à Apple ou à Google un jour ? Une chose est certaine : Buffett est méfiant à l'égard des technologies, même s'il trouve qu'elles sont très utiles et augmentent la productivité des compagnies et des individus qui les utilisent. En effet, les changements sont rapides et soudains et peuvent mettre en péril même les plus puissantes d'entre elles.

Comment faire pour reconnaître si une compagnie possède un avantage concurrentiel ? Un bon point de départ consiste en l'analyse de ses bénéfices à long terme.

CHAPITRE HUIT

DES BÉNÉFICES STABLES ET EN HAUSSE

> « Dans le monde des affaires, le rétroviseur est hélas toujours plus clair que le pare-brise. »
>
> – WARREN BUFFETT

PRÉVISIBILITÉ DES BÉNÉFICES EN UN COUP D'ŒIL

Buffett a découvert que sans une certaine prévisibilité à propos des bénéfices futurs d'une compagnie, il est impossible de savoir si cette compagnie aura la force nécessaire d'affronter les défis qui, un jour ou l'autre, causeront une occasion d'achat, si la compagnie en vaut la peine.

Le prochain test est probablement l'un des plus simples que vous puissiez effectuer : il s'agit d'observer les bénéfices par action (BPA) d'une compagnie pendant une assez longue période de temps, au moins cinq ans, et idéalement une dizaine d'années.

Le BPA, comme son nom l'indique, représente le bénéfice net de la compagnie divisé par le nombre d'actions en circulation. Cela permet de mieux le comparer au cours boursier de l'action, soit le prix auquel l'action *se transige* actuellement sur le marché.

Pour en arriver à un bénéfice net, une compagnie aura vendu ses produits et services, payé tous les coûts reliés à la vente puis les coûts administratifs, etc. De ce fait, ce simple chiffre représente la capacité d'une entreprise de réaliser (ou non) des profits grâce à ses opérations.

Une compagnie pourra être connue, aimée du public, elle pourra engager des milliers d'employés, avoir un très bon service de relations avec la presse et même compter sur des milliers de *fans* sur Facebook, mais dans notre système capitaliste actuel, une seule chose compte vraiment à long terme : la compagnie est-elle profitable et ses profits sont-ils suffisamment stables, réguliers et élevés afin que l'on puisse compter sur eux ?

L'analyse des BPA d'une compagnie nous permettra de répondre à ces questions :

- La tendance est-elle à la hausse ?
- La tendance est-elle à la baisse ?
- Les bénéfices vont-ils dans toutes les directions ?
- Les bénéfices indiquent-ils une faiblesse pour l'année courante ?

> « Vous n'avez pas besoin de connaître le poids exact
> d'un individu pour savoir qu'il est gros. »
> – Benjamin Graham

Existe-t-il une norme de variation en pourcentage à laquelle devrait se coller une progression de BPA ? Pas vraiment, mais comme le dit si bien Benjamin Graham, « vous n'avez pas besoin de connaître le poids exact d'un individu pour savoir s'il est gros ».

La même chose s'applique pour les BPA des compagnies : pas besoin de mesurer la variation annuelle exacte pour se faire une idée si une compagnie affiche des résultats stables ou chaotiques.

Afin de vous aider à mieux visualiser ce concept de première importance, nous passerons en revue les BPA de douze compagnies provenant de secteurs différents de l'économie et affichant des progressions de BPA fort variées qui permettront de mieux vous faire une idée de cette fameuse douve et d'avoir une base de comparaison pour vos recherches futures. Je n'ai pas utilisé de logiciel sophistiqué ou de services payants afin de générer les chiffres et ratios des prochains chapitres. Des sites comme [Morningstar.com], [Google.com/finance] et [fr-ca.finance.yahoo.com] ont tous été très utiles afin d'accéder aux données… avec un léger avantage pour Morningstar[38], car on y fournit, gratuitement, des données financières sur dix ans, ce qui est rare et a beaucoup de valeur, comme vous pourrez le constater.

CIBC et BANQUE ROYALE

Comme premiers éléments de comparaison, nous avons deux des cinq grandes banques canadiennes : la CIBC et la Banque Royale. Même si le BPA de la CIBC semble plus élevé, à 8,23 $, que celui de la Banque Royale, à 5,55 $, l'augmentation globale depuis 2001 a été de 77 % pour la CIBC (8,23 $/4,65 $) et de 284 % pour la Banque Royale (5,55 $/1,95 $).

En 2005 et 2008, la CIBC a connu des années de pertes, alors que, de 2001 à 2013, la Banque Royale n'a jamais connu d'année négative, même en 2008, qui fut très difficile pour les institutions financières. À la suite de ces revers, la CIBC a tout de même bien rebondi, mais il n'en demeure pas moins que la compagnie a connu des pertes à deux reprises au cours de la dernière décennie, alors que pour le même niveau de risque et le même marché canadien, la Banque Royale a réussi à éviter cette déveine.

Tableau 7 – Comparaison des BPA de la CIBC et de la Banque Royale

Année	BPA CIBC	BPA BANQUE ROYALE
2013	8,23 $	5,55 $
2012	7,85 $	5,05 $
2011	6,71 $	4,55 $
2010	5,87 $	3,82 $
2009	2,65 $	3,07 $
2008	- 5,89 $	3,37 $
2007	9,21 $	4,19 $
2006	7,34 $	3,61 $
2005	- 0,61 $	2,63 $
2004	5,28 $	2,38 $
2003	4,89 $	2,19 $
2002	2,27 $	1,96 $
2001	4,65 $	1,95 $

Si vous « promenez » votre œil dans la première série puis dans la deuxième, vous remarquerez également que les différences entre les bénéfices d'une année à l'autre sont beaucoup plus faibles du côté de la Banque Royale que de la CIBC. Ainsi, la Banque Royale a connu 7 années d'augmentation « relativement » stable : en 2003 (12 %) ; 2004 (8,6 %) ; 2005 (10,5 %) ; 2007 (16 %) ; 2011 (19 %) ; 2012 (11 %) et 2013 (10 %). Les baisses de profits de 2008 (-20 %) et 2009 (-9 %) ont été relativement modérées également.

De son côté, la CIBC donne l'impression d'être plus imprévisible à partir de 2002 (52 %) ; 2003 (+115 %) ; 2005 (-100 %) ; 2010 (121 %). On ne peut dire que la CIBC connaît de faibles résultats ni qu'elle n'est pas rentable à 8,23 $ par action, mais la comparaison avec sa consœur financière permet de démontrer que les BPA n'évoluent pas tous de la même façon.

Comment évolueront les BPA de la CIBC et de la Banque Royale au cours des dix prochaines années ? Selon vous, quelle compagnie obtiendra la croissance la plus stable ? Avec laquelle avez-vous le moins de chance de vous tromper ? Avez-vous confiance qu'au cours des dix prochaines années, les bénéfices des banques canadiennes, dans leur ensemble, et de la CIBC ou de la Banque Royale, en particulier, iront en augmentant, en diminuant ou en « divaguant » ? De votre réponse peut résulter votre investissement… ou non !

APPLE et GOOGLE

Afin de faire contraste, allons-y avec deux énormes compagnies du domaine des technos maintenant. Elles sont respectivement première et deuxième sur la liste des compagnies ayant les marques qui valent le plus cher selon la compagnie Interbrand.

Du côté gauche, nous avons Apple qui, au moment d'écrire ces lignes, est la compagnie qui a non seulement la marque la plus valorisée au monde (98 G$), mais la compagnie cotée en Bourse qui a la plus grande capitalisation boursière. La capitalisation boursière d'une compagnie est obtenue en multipliant le nombre d'actions en circulation d'une compagnie par son cours boursier. En ce qui concerne Apple, cette valeur a dépassé le cap du 600 G$ US.

Apple n'était plus que l'ombre d'elle-même au tournant du siècle dernier, mais la compagnie a su mettre sur le marché des produits (iPod, iPhone, iPad) qui lui ont donné des ailes sur le plan des bénéfices. D'un maigre 0,02 et 0,01 $ en 2002 et 2003 (sans compter la perte de 2001), son BPA atteint maintenant 5,62 $ par action, incluant une hausse spectaculaire de 617 % de 2009 à 2013, soit en 5 ans. Le lancement du iPad combiné avec la forte popularité du iPhone sont les principaux acteurs de ce mouvement spectaculaire.

Tableau 8 – Comparaison des BPA de Google et d'Apple

Année	BPA (ajustés pour fractionnement d'actions 7:1) Apple	BPA (ajustés pour fractionnement d'actions 2:1) Google
2013	5,62 $	18,27 $
2012	6,31 $	16,70 $
2011	3,95 $	15,61 $
2010	2,16 $	13,16 $
2009	0,91 $	10,20 $
2008	0,78 $	7,90 $
2007	0,58 $	6,64 $
2006	0,34 $	4,97 $
2005	0,23 $	2,61 $
2004	0,05 $	0,96 $
2003	0,01 $	0,20 $
2002	0,02 $	0,22 $
2001	-0,01 $	0,02 $

Du côté droit, nous avons Google. Même si ce géant arrive tout juste deuxième sur le plan de la marque (93 G$) et un peu plus bas en ce qui concerne la capitalisation boursière (près de 400 G$), la compagnie affiche une excellente note sur le plan de la croissance de son BPA.

Le bénéfice de Google a toujours été positif et s'est accru chaque année, sauf en 2003, où il a quasi stagné, passant de 0,22 à 0,20 $. D'un BPA de 0,02 $ en 2001 à un BPA de 18,27 $ en 2013, le BPA de Google a été multiplié par… 913 ! De 2009 à 2013, son bénéfice est passé de 10,20 à 18,27 $, soit une augmentation de près de 80 %. Avec votre œil de plus en plus aguerri, vous serez à même de constater que la croissance fulgurante des premières années a laissé place à une montée plus modérée du côté du BPA. Nous le verrons plus en détail dans un prochain chapitre.

Donc, ces deux énormes compagnies, très connues et respectées, ont une feuille de route quasi irréprochable sur le plan de leurs BPA.

Formidable, non ? Où seront-elles dans dix ans ? Êtes-vous en mesure de prédire avec certitude l'évolution de ces deux mastodontes dans le monde de la haute technologie ? Y a-t-il à l'horizon d'autres entreprises qui pourraient venir attaquer leur douve, leur château fort ? Au contraire, sont-elles très bien protégées et n'ont-elles rien à craindre ?

AMAZON et COSTCO

Ces deux compagnies excellent dans la distribution de produits. Une plus « ancienne » (Costco) et une vedette des nouvelles technologies (Amazon). Amazon qui n'était au départ qu'une compagnie qui vendait des livres, des CD, des DVD, et même des VHS, s'est transformée afin de devenir un immense magasin en ligne où l'on peut pratiquement tout acheter.

La progression erratique du BPA d'Amazon est un phénomène encore en évolution. La compagnie n'est profitable que depuis 2003, alors que 2001 et 2002 ont été des années de pertes. Jusqu'à 2010, la progression fut intéressante, quoique instable (de 0,36 à 2,53 $), mais au cours des quatre dernières années, les choses se sont avérées plus difficiles côté rentabilité. Son chiffre d'affaires est passé de 34 G$ en 2010 à 75 G$ en 2013, soit une augmentation de 217 %. Pendant ce temps, son BPA a diminué de 76 % (0,59 $/2,53 $). Une raison ? Ses dépenses des divisions « recherche et développement » et de « ventes-administration » ont explosé de 316 %. Cela coûte cher de vouloir être le *leader* !

De son côté, Costco est un modèle de stabilité et de constance. Son bénéfice est passé de 1,29 $ en 2001 à 4,63 $ en 2013, n'ayant connu aucune année déficitaire et une seule où son bénéfice a légèrement reculé (-14,5 % en 2009). Au cours des quatre dernières années, sa progression des ventes ne fut pas aussi spectaculaire que celle d'Amazon : plus 35 % « seulement ». Par contre, son BPA a augmenté de 57,5 %.

Tableau 9 – Comparaison des BPA d'Amazon et de Costco

Année	BPA Costco	BPA Amazon
2013	4,63 $	0,59 $
2012	3,89 $	0,09 $
2011	3,31 $	1,37 $
2010	2,94 $	2,53 $
2009	2,47 $	2,04 $
2008	2,89 $	1,49 $
2007	2,37 $	1,12 $
2006	2,30 $	0,45 $
2005	2,18 $	0,78 $
2004	1,85 $	1,39 $
2003	1,53 $	0,36 $
2002	1,48 $	-0,22 $
2001	1,29 $	-0,55 $

Où seront Costco et Amazon dans dix ans ? Qui gagnera son pari sur le plan de la distribution des biens aux consommateurs ? Quelle compagnie sera la plus profitable et la plus prévisible ?

FORD et TOYOTA

Voici deux compagnies automobiles : Ford et Toyota. Comme vous avez déjà pu le constater grâce au tableau des valeurs de marques de la compagnie Interbrand, Toyota est la dixième marque la plus valorisée au monde et la première sur le plan des manufacturiers automobiles, surclassant Mercedes-Benz (onzième), BMW (douzième) et Audi (cinquante et unième). De son côté, Ford est le manufacturier nord-américain ayant la meilleure marque (quarante-deuxième) arrivant tout juste devant Hyundai (quarante-troisième). Regardons maintenant les BPA respectifs de ces deux compagnies.

Du côté de Ford, les treize dernières années ont été éprouvantes. La compagnie a connu des pertes en 2001, 2006, 2007 et 2008. D'ailleurs, si nous additionnons tous les BPA de 2001 à 2013, nous arrivons à une somme de -2,98 $. Au cours des treize dernières années, la compagnie a généré une perte nette, ses années de misères ayant surclassé ses bonnes années.

Tableau 10 – Comparaison des BPA de Ford et de Toyota

Année	BPA Ford	BPA Toyota (en yens)
2013	1,79 $	601 ¥
2012	1,58 $	325 ¥
2011	4,93 $	90 ¥
2010	1,94 $	130 ¥
2009	0,86 $	-139 ¥
2008	- 6,46 $	541 ¥
2007	- 0,61 $	512 ¥
2006	-6,72 $	422 ¥
2005	0,53 $	355 ¥
2004	1,59 $	434 ¥
2003	0,35 $	211 ¥
2002	0,19 $	152 ¥
2001	-2,95 $	181 ¥

Les données de Toyota sont disponibles en yens, et étant donné que le taux de change a varié considérablement au cours des treize dernières années, ils ont donc été inclus dans le tableau sans être convertis. Cela n'influence pas l'analyse globale de la progression des BPA, car nous nous concentrons plus sur les tendances et la prévisibilité que sur le chiffre absolu. Toyota n'a connu qu'une seule année négative, soit 2009.

De 2001 à 2008, le BPA a connu une belle croissance, passant de 181 à 541 ¥, ou une augmentation de 298 %. La crise financière et la récession ont durement touché le manufacturier qui, en plus (une mauvaise nouvelle arrive rarement seule !), a connu son lot de rappels. Par contre, 2013 a marqué le retour à la rentabilité d'antan avec un nouveau record : 601 ¥ par action, ou environ 6,08 $ CA au moment d'écrire ces lignes.

Toyota possède un meilleur pouvoir de négociation en ce qui concerne ses voitures. Ses Camry, Corolla, Matrix, Prius et autres possèdent les valeurs de revente parmi les plus élevées de l'industrie ainsi qu'une fiabilité et un niveau de satisfaction de la clientèle qui en fait un fleuron de son industrie. Ses bénéfices continueront-ils d'être à la hausse au cours des dix prochaines années ? La compétition japonaise, coréenne et nord-américaine affaiblira-t-elle ses marges et la fidélité de sa clientèle ou la compagnie réussira-t-elle à investir suffisamment afin de se maintenir toujours parmi les chefs de file ?

Et que dire de Ford ? Son retour à la rentabilité et à la « meilleure gestion » sera-t-il durable ? La compagnie pourra-t-elle faire oublier ses déboires des dernières années ?

BOMBARDIER et BNSF

Nous quittons maintenant le monde des compagnies « grand public » et plus connues pour nous diriger vers des compagnies de nature plus industrielle. Tout d'abord, une compagnie qui n'a pas besoin d'introduction : Bombardier, « le seul manufacturier à la fois de trains et d'avions au monde[39] ».

En ce qui concerne BNSF, il s'agit d'un important transporteur ferroviaire basé aux États-Unis. Cette compagnie qui était publique jusqu'en février 2010 a été acquise par nul autre que Warren Buffett (par Berkshire Hathaway, bien entendu). De fait, il s'agit de son plus important achat à ce jour : 44 G$ US[40]. Les chiffres de son BPA sont donc extrapolés, de 2010 à 2013, à partir des états financiers publics encore fournis par BNSF au SEC[VIII][41] américain.

VIII. *Securities and Exchange Commission,* organisme fédéral américain de réglementation et de contrôle des marchés financiers.

Le BPA de Bombardier était de 0,55 $ en 2001. Au cours des treize dernières années, une seule année fut négative, soit 2004. De 2001 à 2013, le BPA a évolué de 0,03 à 0,57 $ pour terminer sa course en 2013 à 0,29 $, soit 47 % de moins qu'en 2001. Avec la « pratique » que vous avez acquise jusqu'à maintenant, vous pouvez alors survoler les données financières de la colonne Bombardier et vous rendre compte que la compagnie ne possède probablement pas une douve, un monopole identifiable. Bombardier est constamment en soumission, à la merci de la demande, de l'économie et du plus bas soumissionnaire. Ces chiffres démontrent cette difficulté.

Tableau 11 – Comparaison des BPA de Bombardier et de BNSF

Année	BPA BOMBARDIER	BPA BNSF
2013	0,29 $	10,99 $[IX]
2012	0,32 $	9,58 $
2011	0,47 $	8,43 $
2010	0,44 $	6,08 $
2009	0,41 $	5,18 $
2008	0,57 $	6,08 $
2007	0,22 $	5,10 $
2006	0,13 $	5,11 $
2005	0,11 $	4,02 $
2004	-0,02 $	2,09 $
2003	0,03 $	2,09 $
2002	0,08 $	2,01 $
2001	0,55 $	1,89 $

En revanche, du côté du client de compagnies comme Bombardier, la BNSF détient des itinéraires, des routes, des clients avec des contrats où elle est relativement libre de fixer ses prix et d'y aller avec des surcharges de mazout si jamais les prix dévient trop des montants fixés au départ.

IX. Les chiffres de son BPA sont donc extrapolés, de 2010 à 2013, à partir des états financiers publics encore fournis par BNSF au SEC américain.

Ainsi, le BPA de BNSF qui était de 1,89 $ en 2001 était de 10,99 $ en 2013 si l'on tient compte des ajustements faits après l'acquisition par Berkshire, ce qui représente une hausse de 581 %. L'année 2009 marqua une baisse de 15 % des profits pour ensuite rebondir de 17 % l'année suivante.

Jamais la compagnie n'a accusé de pertes, même pendant les moments difficiles de l'industrie de 2008 à 2010. Des hausses respectives de 38,7 % (2011), 13,6 % (2012) et 14,7 % (2013) constituent la suite de la progression de ce BPA théorique.

D'un côté, un manufacturier de trains et d'avions, toujours soumis aux aléas des demandes de gros clients qui lui demandent constamment de soumissionner. Où sera Bombardier dans dix ans ? Son BPA pourra-t-il poursuivre une ascension stable, constante et prévisible ? Est-ce que Bombardier sera en mesure de contrôler son destin au cours de la prochaine décennie ? Du côté de BNSF, Buffett a déjà répondu à cette question. Sa réponse ? Un chèque de 44 G$…

NORTEL et ALIMENTATION COUCHE-TARD

Maintenant, voici deux autres compagnies : une dont on a beaucoup parlé et une autre qui fait plus rarement les manchettes : Nortel et Alimentation Couche-Tard. Non, elles n'appartiennent pas à la même catégorie ! D'un côté, vous avez une compagnie qui fut *hot*, à la mode, dans un environnement excitant et plein de promesses… et de l'autre, vous avez un groupe de dépanneurs qui vendent de la bière, des *chips* et du fromage en grains sur le coin de leur comptoir.

Nous sommes près de la fin de cette section sur les BPA. Vous avez donc maintenant l'œil très aiguisé et vous pouvez plus facilement déceler les tendances… De prime abord, que remarquez-vous lorsque vous observez attentivement les bénéfices de Nortel ? Exact : ils sont inexistants ! Que des années négatives, sauf en 2003. Qui plus est, chaque fois que je fais une mise à jour de mes données pour mes cours et que je veux parler de Nortel, il y a toujours des changements aux chiffres passés de la compagnie. Ça ne se produit que très, très rarement pour les autres compagnies et lorsqu'il y a une différence entre l'ancien BPA et le nouveau, les différences sont de quelques sous.

Une compagnie qui ne fait jamais de profit est une compagnie qui est vouée à la faillite. Une compagnie qui doit changer sa comptabilité, faire toutes sortes de passe-passe afin de maquiller ses états financiers est une compagnie dans laquelle votre argent n'a pas sa place. En passant, le BPA positif de 2011 est le résultat de la vente de près de 6 000 brevets et autres propriétés intellectuelles pour un peu plus de 3 G$ US[42].

Tableau 12 – Comparaison des BPA de Nortel et d'Alimentation Couche-Tard

Année	BPA Nortel	BPA (ajusté fractionnement d'actions 3:1) Alimentation Couche-Tard
2013	-	1,35 $
2012	-	1,07 $
2011	1,94 $	0,83 $
2010	-3,58 $	0,66 $
2009	-0,60 $	0,53 $
2008	-6,91 $	0,43 $
2007	-1,45 $	0,31 $
2006	-0,38 $	0,31 $
2005	-1,99 $	0,30 $
2004	-0,58 $	0,14 $
2003	0,42 $	0,11 $
2002	-4,03 $	0,09 $
2001	-29,75 $	0,06 $

Notre beau groupe de dépanneurs maintenant : d'un BPA de 0,06 $ en 2001 à 1,35 $ en 2013. Jamais le BPA n'a reculé ni même affiché une perte. Tout au plus a-t-il stagné de 2005 à 2007. Le BPA a été multiplié par 22 en 13 ans. De 2009 à 2013, il a crû de 254 %.

Comme vous le savez, le domaine de l'alimentation fonctionne avec de très petites marges de profit. Ainsi, il faut faire attention aux tendances en cette matière. De son côté, Alimentation Couche-Tard a vu son chiffre d'affaires doubler au cours des quatre dernières années (de 18,5 à 37,9 G$). Sa marge bénéficiaire brute s'est légèrement affaiblie, passant de 14,8 à 13,1 %, mais son pourcentage de bénéfice net (obtenu en divisant le bénéfice net par le chiffre d'affaires de la compagnie) est passé de 1,98 à 2,13 %. Remarquable. Ainsi, lorsque vous achetez quelque chose dans un Couche-Tard près de chez vous, sachez que le bénéfice net que la compagnie engrange n'est que de 2 %. Ce n'est pas une grosse marge de manœuvre, de là l'importance d'une saine gestion et d'une attention aux détails.

Alimentation Couche-Tard fait rarement les manchettes, si ce n'est pour la mention que l'entreprise vient d'acquérir (encore) une chaîne de dépanneurs située aux États-Unis ou ailleurs dans le monde. Pas de crise, ni de réduction massive de personnel, ni de « réorientation stratégique ». L'entreprise n'a ni besoin de subventions ou d'aide au développement. Nous verrons plus loin dans cette section comment son action s'est comportée.

La question des dix ans ne s'applique plus dans le cas de Nortel, mais elle s'applique à toute compagnie que vous connaissez qui a ce genre de manœuvres sur le plan de ses BPA. Évitez les « Nortel » de ce monde, vous éviterez les pertes en capital et les déceptions.

En ce qui concerne Alimentation Couche-Tard, est-ce que son modèle d'affaires tiendra la route au cours des dix prochaines années ? Est-ce que le commerce de proximité est voué à disparaître ou plutôt à continuer son essor ? Achèterons-nous encore de la bière, des cigarettes, des *chips* et de l'essence dans dix ans ?

BERKSHIRE HATHAWAY

Pour terminer cette section, analysons en détail la progression du BPA de la compagnie de Warren Buffett : Berkshire Hathaway. Lorsqu'une compagnie affiche une valeur boursière de plus de 200 000 $ par action, il faut bien que son BPA reflète ce prix. Et c'est ce qui arrive avec le BPA de Berkshire Hathaway. Gageons que vous ne verrez pas souvent un BPA à 11 849 $!

L'année 2001 fut pénible pour la compagnie, car elle a été durement touchée par les événements du 11 septembre. Plusieurs des bâtiments et compagnies situés à New York étaient assurés par l'une ou l'autre des compagnies d'assurance détenues par Berkshire et la rentabilité en a souffert.

On remarque que la compagnie n'a enregistré aucune perte au cours des treize dernières années. Par contre, son bénéfice a diminué à trois reprises, soit en 2004, 2008 et 2011. Il est également passé d'un niveau de 2 795 $ (nous ne prenons pas 2001 comme point de départ, car il s'agit d'une année exceptionnelle et cela donnerait une mauvaise idée de la progression réelle) à 11 849 $ en 2013, soit une augmentation de 423 %. Pas si mal pour un conglomérat.

Tableau 13 – BPA de Berkshire Hathaway

Année	BPA BERKSHIRE HATHAWAY	Changement
2013	11 849 $	32 %
2012	8 977 $	44 %
2011	6 215 $	-22 %
2010	7 928 $	52 %
2009	5 193 $	61 %
2008	3 224 $	-63 %
2007	8 548 $	20 %
2006	7 144 $	29 %
2005	5 538 $	16 %

Année	BPA BERKSHIRE HATHAWAY	Changement
2004	4 753 $	-11 %
2003	5 309 $	89 %
2002	2 795 $	54 %
2001	521 $	-

Le BPA de Berkshire sera toujours un peu plus irrégulier que les compagnies qui ont des douves comme nous l'avons vu, car environ 50 % des bénéfices de Berkshire sont reliés à l'assurance et, parmi les risques assurés, une compagnie subsidiaire s'occupe de mégarisques que peu de compagnies ont le goût d'assurer, ce qui a et aura pour effet d'influer sur le BPA à court terme, mais, selon Buffett lui-même, la compagnie s'en trouvera renforcée à long terme.

Dans dix ans, est-ce que Berkshire Hathaway sera encore aussi profitable ? Buffett sera-t-il toujours actif ou même vivant ? S'il n'est pas là, est-ce que son ou ses successeurs pourront effectuer un travail à la hauteur ?

GRAPHIQUES BPA ET COURS BOURSIERS

BANQUE ROYALE

Corrélation entre le BPA et le cours boursier. Ci-dessous un graphique comparant l'augmentation du BPA de la Banque Royale et celui de son cours boursier. Comme vous pouvez le constater, il semble y avoir un fort lien de cause à effet entre ces deux variables.

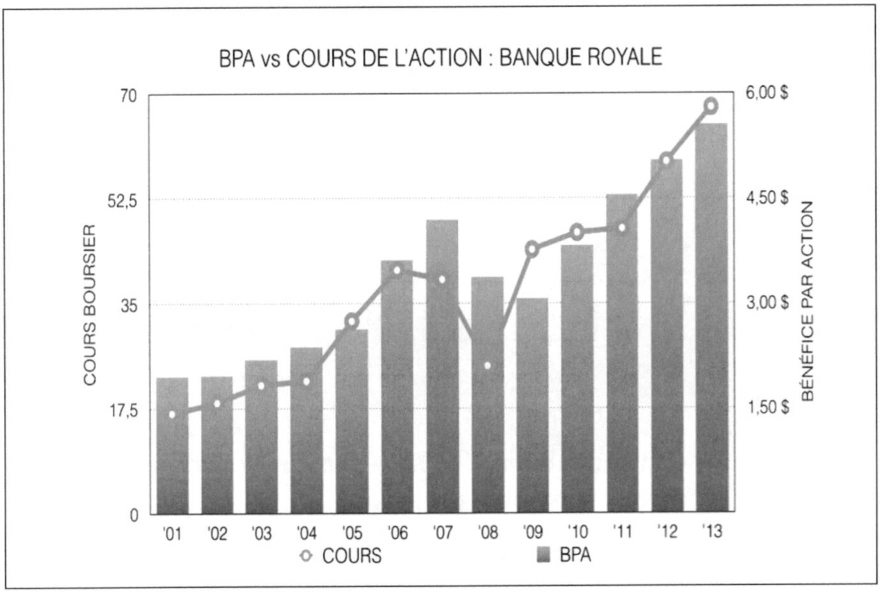

Graphique 2 – Comparaison du BPA et du cours de l'action (Banque Royale)

ALIMENTATION COUCHE-TARD

Corrélation établie également entre l'évolution du BPA d'Alimentation Couche-Tard et son cours boursier. La tendance régulière et à la hausse de son BPA semble avoir un effet sur la façon dont son action se comporte.

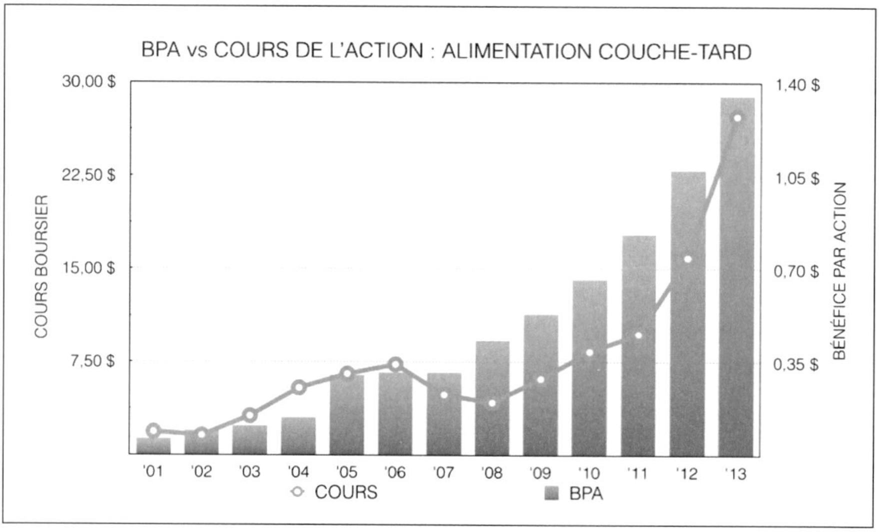

Graphique 3 – Comparaison du BPA et du cours de l'action (Alimentation Couche-Tard)

AMAZON

En guise de « contre-exemple », voici l'évolution du cours boursier de la compagnie Amazon avec comme toile de fond l'évolution de son BPA au cours des treize dernières années. Bien que son BPA ait atteint un sommet en 2010 et décline depuis, le marché ne semble pas vouloir écouter cette réalité et continue de propulser l'action à la hausse. Chaque règle comporte son lot d'exceptions, et la Bourse ne fait pas exception. L'avenir dira si les attentes et prédictions de profits futurs sauront récompenser ceux qui sont plus qu'optimistes actuellement.

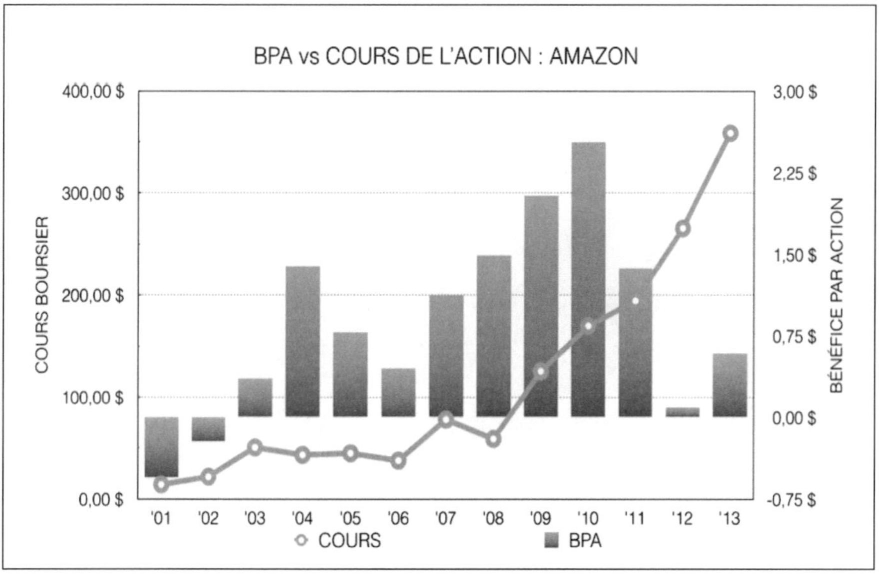

Graphique 4 – Comparaison du BPA et du cours de l'action (Amazon)

CHAPITRE NEUF

ENDETTEMENT ET DÉPENSES EN CAPITAL *SOUS CONTRÔLE*

« Si [le bilan] révèle un surendettement, je suis déjà moins intéressé. Il laisse supposer une hypertrophie de l'ego des dirigeants, ce qui est de mauvais augure. En temps normal ou en période de récession, ne retenez pas les entreprises surendettées. Laissez également tomber les entreprises au bord de la faillite. De cette manière, vous continuerez d'écarter les indésirables et réduirez considérablement votre choix[43]. »

– STEPHEN A. JARISLOWSKY

Quand les temps sont durs, la pire chose qui peut arriver, c'est d'avoir à se refinancer ou de crouler sous les dettes. C'est bien connu, les compagnies à qui les banques veulent bien prêter leur argent sont souvent celles qui n'en ont pas besoin ! Certaines critiques peuvent trouver, à l'opposé, qu'une compagnie peu ou pas endettée n'utilise pas suffisamment son pouvoir d'emprunt afin d'utiliser le principe du levier financier : faire de l'argent avec l'argent des autres. Nous n'étudierons pas ce problème dans ce chapitre. Nous nous concentrerons simplement sur un indicateur : le ratio de dettes à long terme par rapport à l'avoir des actionnaires qui permet, en un clin d'œil, de nous faire une idée si une compagnie est très endettée ou non. Nous ne jouerons pas au banquier en faisant une étude exhaustive de toutes les dettes. Nous nous concentrerons plutôt, à ce stade-ci, sur la dette à long terme et sur son poids relatif par rapport à l'avoir des actionnaires.

Il n'y a pas de recette magique, mais selon Charles Brandes[44], l'une des plus importantes sections du bilan est le niveau d'endettement à long terme de la compagnie. Si la dette est trois fois supérieure à l'avoir des actionnaires, dit-il, ce n'est probablement pas une bonne idée d'investir dans cette compagnie. Règle générale, les compagnies de type industriel ont un ratio dettes/avoir de 100 %. Au-delà de ce niveau, l'endettement est considéré comme élevé.

Stephen Jarislowsky, de son côté, fait référence à « l'ego des dirigeants ». Je ne sais pas sur le plan de l'ego (quoiqu'avec l'expérience de M. Jarislowsky, on peut penser qu'il y a un très gros fond de vérité dans son affirmation), mais un fait demeure : un endettement élevé réduit la marge de manœuvre et fragilise la position de la compagnie ainsi que ses options. De plus, une hausse des taux ou une baisse de sa cote de crédit ont un impact direct sur ses bénéfices annuels.

Tableau 14 – Ratios d'endettement (dette à long terme par rapport à l'avoir des actionnaires)

COMPAGNIE	DETTE À LONG TERME (en milliers)	AVOIR DES ACTIONNAIRES (en milliers)	RATIO DETTE/ AVOIR
GOOGLE	2 236 000 $	87 309 000 $	2,90 %
APPLE	16 960 000 $	123 549 000 $	13,7 %
BANQUE ROYALE	7 443 000 $	47 665 000 $	15,6 %
CIBC	4 228 000 $	17 819 000 $	23,7 %
BERKSHIRE HATHAWAY	71 275 000 $	221 890 000 $	32,1 %
COSTCO	5 190 $	10 833 000 $	47,9 %
AMAZON	5 181 000 $	9 746 000 $	53,2 %
TOYOTA	8 546 000 000 ¥	14 469 000 000 ¥	59 %
ALIMENTATION COUCHE-TARD	2 586 000 $	3 962 000 $	65,3 %
BOMBARDIER	6 988 000 $	2 426 000 $	288 %
FORD	76 625 000 $	26 383 000 $	290 %

Nos compagnies sont maintenant présentées de la moins endettée à la plus endettée. On remarque immédiatement que Google utilise très peu les emprunts à long terme et son ratio de dettes sur l'avoir des actionnaires n'est que de 2,9 %. Aussi bien dire que la compagnie n'est pas endettée et qu'il n'y a pas de risque de dettes à ce moment-ci de son histoire.

Avec des emprunts à long terme de près de 17 G$, on pourrait penser qu'Apple maintient une dette importante, mais lorsque l'on compare sa dette à son immense avoir des actionnaires de 123 G$, le ratio obtenu est rassurant à 13,7 %. Les Banque Royale et CIBC, quant à elles, présentent des ratios *sous contrôle* à 15,6 % et à 23,7 %. Berkshire et Costco sont également sous la barre des 50 %.

Du côté des manufacturiers automobiles, Toyota affiche une bien meilleure santé financière (59 %) que Ford (290 %). Bombardier est fortement endettée en rapport avec son avoir à 288 % et pourrait subir des pressions financières si l'économie s'affaiblissait et les taux d'intérêt grimpaient. Costco et Amazon ont pratiquement le même montant de dette à long terme (5,19 G$ par rapport à 5,18 G$), mais étant donné l'avoir des actionnaires plus élevé de Costco, son ratio est meilleur (47,9 % par rapport à 53,2 %).

Le ratio dette à long terme/avoir des actionnaires n'est pas une panacée, encore une fois, mais il nous permet de peut-être éviter des compagnies trop endettées. Warren Buffett et les investisseurs valeur en général tentent de fuir les compagnies trop endettées, surtout si celles-ci n'ont pas d'avantages compétitifs durables et qu'elles sont frappées régulièrement par les ralentissements économiques.

DÉPENSES EN CAPITAL *SOUS CONTRÔLE*

Les dépenses en capital qu'une compagnie effectue ne nuisent pas à son bénéfice net à court terme, car ces dépenses sont étalées dans le temps sous forme d'amortissement comptable. Dans l'état des flux de trésorerie, le montant en amortissement est ajouté aux bénéfices nets de l'entreprise afin de démontrer que cet élément ne nuit pas au *cash flow* de la compagnie.

Buffett est très conscient de cet aspect des affaires : de combien d'argent la compagnie a-t-elle besoin pour *opérer* ? Des compagnies comme Coke ou Proctor & Gamble (qui mettent sur le marché des marques comme Gillette, entre autres), qui font des produits simples et standards, n'ont pas besoin d'énormes sommes de capitaux pour renouveler leurs équipements. La fabrication d'une lame de rasoir ou de sirop sucré qui fait des bulles ne demande pas le même genre d'investissement de capitaux qu'une compagnie industrielle impliquée dans la fabrication d'avions, d'automobiles et d'autres bidules de ce genre. Même si la compagnie fait de l'argent sur papier, si elle doit le dépenser pour acquérir toujours plus d'installations, ça ne donne rien dans les poches des actionnaires, ça !

Ainsi, une compagnie qui fabrique des automobiles et qui, tous les deux ou trois ans, doit repenser et refaire la chaîne de montage et racheter de nouveaux robots gruge dans les coffres de sa trésorerie. Celle-ci est obligée de prendre les sommes à même ses bénéfices, d'emprunter ou d'émettre des actions. Voici les conséquences :

- Si elle prend les sommes à même ses bénéfices, ils ne sont plus disponibles pour payer des dividendes, car ils sont maintenant immobilisés à long terme.
- Si elle emprunte, elle doit payer des intérêts et se rend plus vulnérable.
- Si elle émet des actions, elle dilue ses bénéfices et la valeur des actions déjà en circulation.

Les nouveaux équipements achetés généreront-ils des profits supplémentaires ? Les efforts faits par les actionnaires (se priver de leurs profits) serviront-ils les bienfaits sur le long terme ? Ou cela permet-il simplement de garder la compagnie ouverte, de maintenir des emplois en poste ou de gonfler l'ego des gestionnaires ?

Au chapitre 11, nous verrons une méthode utilisée par Buffett afin de mesurer l'utilisation (judicieuse ou non) que les dirigeants font des capitaux qu'ils « gardent » dans les coffres de la compagnie au lieu de les distribuer en dividendes.

Tableau 15 – Ratios de dépenses en capital par rapport aux bénéfices nets (2013)

COMPAGNIE	DÉPENSES EN CAPITAL (en milliers)	BÉNÉFICES NETS (en milliers)	RATIO DES DÉPENSES EN CAPITAL/PROFITS
CIBC	248 000 $	3 403 000 $	7,3 %
BANQUE ROYALE	946 000 $	8 331 000 $	11,3 %
APPLE	9 076 000 $	37 037 000 $	24 %
GOOGLE	7 358 00 $	12 920 000 $	56,9 %
ALIMENTATION COUCHE-TARD	529 000 $	811 200 $	65,2 %
FORD	6 597 000 $	7 155 000 $	92,2 %
COSTCO	2 083 000 $	2 039 000 $	102 %
TOYOTA	2 678 000 000 ¥	1 823 000 000 ¥	146,9 %
BOMBARDIER	2 357 000 $	564 000 $	417 %
AMAZON	3 444 000 $	274 000 $	1 256 %

Les deux compagnies les plus frugales en matière de dépenses en capital sont nos deux banques. Elles sont des compagnies matures, leurs réseaux de succursales sont en place depuis longtemps, leurs systèmes informatiques sont maintenus à jour, donc elles ont peu de dépenses pour le maintien de leurs opérations, leurs ratios de 7,3 % (CIBC) et de 11,3 % (Banque Royale) démontrent bien ce point.

Bombardier et Amazon, de leur côté, ont investi tous leurs profits et même beaucoup plus (417 et 1 256 % !) afin de faire face aux défis de leur industrie respective. Ford et Toyota doivent également investir massivement (92,2 et 146,9 %) dans leurs usines et leur automatisation, l'équivalent de tous leurs profits de 2013 étant consacré à cet effet. Au premier degré, cela n'est pas nécessairement négatif : si une compagnie veut se construire un avantage compétitif et demeurer toujours en avance sur la compétition, les dépenses en capital sont nécessaires. Comme pour toutes les données étudiées, il convient de revenir en arrière sur cinq ou dix ans[45], d'analyser les tendances et de voir s'il y a de la lumière au bout du tunnel.

Lorsque Buffett analysait son investissement difficile dans le domaine des compagnies aériennes, il mentionnait que l'urgent besoin de toujours utiliser le capital était un énorme frein au rendement boursier à long terme de ces compagnies. Lorsqu'il mentionne qu'il aime les compagnies qui sont simples à comprendre et qu'il « sait » qu'elles seront encore là et profitables dans dix ans, il fait automatiquement référence à des compagnies qui ont des dépenses en capital *sous contrôle*.

CHAPITRE DIX

UN RAA* ÉLEVÉ

« Vous n'avez pas raison parce que d'autres sont d'accord avec vous.
Vous avez raison parce que vos faits sont exacts et
que votre raisonnement est juste. »

– WARREN BUFFETT

QU'EST-CE QUE LE RAA ET POURQUOI EST-CE IMPORTANT ?

Vous faites un profit de 1 M$. C'est bon. Pas si mal. Un million de plus en banque. Mais si vous valez 100 M$ et que vous avez fait 1 M$, ce 1 M$ ne représente que 1 %… Oups ! Là, ça devient moins bon.

Vous faites un profit de 1 M$. C'est bon. Pas si mal. Un million de plus en banque. Mais si vous valez 3 M$, ce joli profit représente 33 % de rendement sur votre valeur nette ! Wow ! Vous pouvez célébrer ! Vous avez réussi un excellent rendement compte tenu de la base de capital avec laquelle vous avez travaillé.

Maintenant, allons à un niveau plus haut. Au lieu de simplement détenir une somme d'argent, vous détenez une compagnie qui a un avoir

* Rendement de l'avoir des actionnaires.

des actionnaires. C'est un peu plus nébuleux, car la compagnie possède d'énormes actifs ainsi que toute une série de dettes à long terme, d'impôts différés et de comptes à payer.

L'investisseur, de style valeur, se concentre sur la valeur nette de l'entreprise. L'avoir des actionnaires. Et ce qu'il recherche est une compagnie dont le rendement de l'avoir des actionnaires, le RAA, est élevé.

Supposons un instant que vous possédiez une maison et que vous décidiez de la louer afin d'aller habiter en France ou en Floride pour quelques années. Vous avez ce désir depuis toujours et vous décidez de vivre votre rêve ! Mais vous êtes prudent, alors vous hésitez à vendre votre résidence. Vous voulez la louer. Ainsi, si vous n'êtes pas à l'aise chez nos cousins outre-Atlantique ou avec la chaleur de la Floride, vous pourrez toujours revenir au Québec dans votre ancienne propriété.

Posons comme hypothèse que vous avez payé votre maison 200 000 $, que vous avez versé un comptant de 50 000 $ et que vous avez contracté une « hypothèque » de 150 000 $. Le 50 000 $ de comptant représente votre avoir de l'actionnaire ou votre valeur nette d'entreprise ou votre valeur comptable (*valeur aux livres* est également utilisé, mais c'est un anglicisme). Ce sont tous des synonymes.

Vous pourriez me dire que maintenant votre maison est évaluée à 235 000 $ parce que le marché s'est considérablement apprécié au cours des dernières années, et vous auriez raison. Mais, dans les faits, votre investissement en argent est de 50 000 $, l'hypothèque est de 150 000 $ et le coût d'achat, comme démontré par les écritures comptables, est de 200 000 $. Le fait qu'elle vaut maintenant 235 000 $ vous procure quand même un avantage : vous pourrez la louer plus cher.

Si vous louez votre spacieuse maison à un jeune couple pour la somme de 1 000 $ par mois ou de 12 000 $ par année et que vous avez des dépenses de 7 000 $ par année (intérêts, taxes, assurances, entretien, etc.), votre revenu annuel net sera de 5 000 $ (12 000 $-7 000 $). Compte tenu de votre investissement initial de 50 000 $, cela représente un rendement de votre avoir de 10 % (5 000 $/50 000 $).

Imaginons maintenant que vous n'avez investi que 25 000 $ de mise de fonds au point de départ. Vous louez la maison le même prix (1 000 $/mois) et vos dépenses annuelles sont les mêmes (sauf pour les intérêts qui sont de 1 000 $ de plus par année). Votre bénéfice net serait de 4 000 $ (12 000 $-8 000 $) et le rendement de votre avoir sera de 16 % (4 000 $/25 000 $). Le rendement de votre avoir a été augmenté par l'effet de levier procuré par un emprunt plus élevé. Comme nous l'avons vu au chapitre précédent, l'endettement n'est pas toujours une bonne chose, mais son côté positif est qu'il permet ce genre de gymnastique financière.

Le RAA est le rendement que vous obtiendriez sur votre investissement si vous achetiez les actions de la compagnie à leur valeur comptable, car le profit net est divisé sur la *valeur de l'équité aux livres*, soit la valeur comptable des actions. Mais vous ne paierez que rarement les actions à leur valeur comptable.

Ainsi, le RAA de Google est de 14,8 %. Si vous achetiez son action à la valeur comptable, votre rendement serait effectivement de 14,8 %. Mais l'action *se transige* à un montant supérieur, de sorte que votre rendement sera moindre.

Le RAA est utile afin de voir de quelle manière la compagnie et ses dirigeants emploient le capital qui leur est confié. De fait, Buffett exige un taux d'intérêt assez élevé à toutes ses compagnies subsidiaires (qui lui appartiennent à 100 %) si elles désirent garder dans leurs coffres les profits de l'année. Il encourage donc ses gestionnaires à faire deux choses : envoyer tous les profits au siège social afin que Buffett puisse le réinvestir dans d'autres placements rentables ou investir adéquatement et avec grande rentabilité les capitaux ainsi générés. Une compagnie qui est bien gérée et profitable et qui bénéficie de bonnes marges de profitabilité produira de hauts taux de RAA.

Quel RAA devrait-on viser ? Le plus haut possible, bien évidemment ! À titre d'exemple, le RAA de Coca-Cola a été, en moyenne, de 29,8 %

au cours des 12 dernières années (2002-2013). Le plus bas étant 27,1 % et le plus haut étant 38,1 %. Ce ne sont pas des résultats « normaux », mais ils ont tout de même été atteints par une multinationale à grande capitalisation.

Le RAA attendu dépendra également des taux d'intérêt en vigueur. Les attentes envers les rendements seront différentes selon que le marché vous donne 3 ou 12 % si vous placez votre argent dans des bons du Trésor sans risque.

Typiquement, le rendement attendu est de l'ordre de 12 %. Au-delà de ce rendement, l'investisseur valeur devient de plus en plus intéressé. Si le chiffre est en deçà de ce montant, il exercera plus de prudence et dirigera son attention sur d'autres détails, notamment le prix payé, mais nous nous devançons !

Une variante du RAA est le rendement de l'actif de la compagnie. À ce moment, on ne divise pas le bénéfice net par l'avoir des actionnaires, mais par le total des actifs d'une compagnie. Si nous appliquons ce ratio à notre exemple de la maison, le rendement de l'actif serait de 2,5 % (5 000 $/200 000 $). Ce ratio est utile parfois lorsque l'avoir des actionnaires est anormalement réduit à la suite de pertes antérieures importantes. Ford en fournit un bel exemple : lors de ses difficultés financières en 2008-2009, l'avoir des actionnaires de Ford est devenu... négatif. La compagnie était en « faillite », en ce sens que ses dettes excédaient son avoir. Le calcul du RAA à ce moment aurait été caduc. Par la suite, lorsque la compagnie s'est remise sur pied, son avoir des actionnaires est redevenu positif, mais il était petit en comparaison de la grosseur de la compagnie et de son chiffre d'affaires. Les taux de RAA réalisés étaient alors difficilement utilisables.

CIBC et BANQUE ROYALE

Le RAA de la CIBC évolue graduellement vers des niveaux records, ayant passé de 10,52 % en 2009 à 21,34 % et à 21,47 % en 2012 et 2013. Ce sont d'excellents ratios dans le domaine bancaire.

De son côté, la Banque Royale a vu son RAA passer de 12,05 % en 2009 à 19,98 % en 2013. C'est également excellent.

Au cours des quatre dernières années, le RAA de la CIBC a surpassé celui de la Banque Royale de façon systématique : +4,23 % en 2010, +8,38 % en 2011, +1,85 % en 2012 et + 1,49 % en 2013.

Tableau 16 – RAA comparatifs : CIBC et Banque Royale

ANNÉE	RAA CIBC	RENDEMENT DE L'ACTIF CIBC	RAA BANQUE ROYALE	RENDEMENT DE L'ACTIF BANQUE ROYALE
2013	21,47 %	0,86 %	19,98 %	0,99 %
2012	21,34 %	0,85 %	19,49 %	0,94 %
2011	21,32 %	0,82 %	12,94 %	0,62 %
2010	19,22 %	0,66 %	14,99 %	0,72 %
2009	10,52 %	0,34 %	12,05 %	0,53 %

Du côté du rendement des actifs, la situation des grandes banques est particulière. En effet, les dépôts et les emprunts de leurs clients figurent sur leur bilan et créent ainsi une très large base de capital, et la rentabilité peut sembler très faible à 0,99 % ou à 0,75 %, mais il s'agit d'un phénomène de cette industrie. À ce chapitre, la Banque Royale semble avoir un léger avantage sur la période mentionnée.

Dans les deux cas, le RAA se situe au-delà de la cible visée de 12 % et, à ce chapitre, les deux compagnies présentent de bonnes statistiques.

APPLE ET GOOGLE

Le RAA d'Apple concurrence celui de Coca-Cola. La compagnie est bien gérée, vend ses produits avec de fortes marges bénéficiaires et en vend beaucoup ! Ses RAA de 30,64, 42,84, 41,67 et 35,28 % des 4 dernières années démontrent ce fait. Ce qui est remarquable également est son rendement sur son actif global entre 19,34 et 28,54 %. Difficile de trouver mieux à ce niveau d'actifs.

Google obtient également d'excellents résultats, même s'ils sont moins spectaculaires. Ses RAA sont tous au-dessus des 12 % « souhaités ». Son rendement de l'actif est également bon. Par contre, il convient de noter que la tendance de ces deux ratios est régulièrement à la baisse. La compagnie est devenue plus mature, se stabilise et il convient de se demander si cette tendance s'arrêtera ou si le modèle d'affaires s'essoufflera.

Tableau 17 – RAA comparatifs : Apple et Google

ANNÉE	RAA APPLE	RENDEMENT DE L'ACTIF APPLE	RAA GOOGLE	RENDEMENT DE L'ACTIF GOOGLE
2013	30,64 %	19,34 %	16,25 %	12,62 %
2012	42,84 %	28,54 %	16,54 %	12,91 %
2011	41,67 %	27,07 %	18,66 %	14,93 %
2010	35,28 %	22,84 %	20,68 %	17,30 %
2009	31,27 %	18,92 %	20,30 %	18,05 %

Peut-on comparer Apple et Google à Coke ? Bien sûr que non, même si leurs RAA sont très élevés, un fait distingue ces compagnies, hormis leurs industries : Coca-Cola obtient ce genre de rendement depuis plus de trente ans dans une industrie qui est très simple par nature, ce qui n'est pas le cas d'Apple ni de Google. Autre distinction : les produits d'Apple seront-ils toujours au goût du jour dans dix ans ? Le moteur de recherches de Google sera-t-il encore utilisé ? Coca-Cola vendra-t-elle encore des boissons rafraîchissantes dans dix ans ?

AMAZON ET COSTCO

Cette comparaison met en lumière un contraste frappant : Amazon d'un côté qui construit, investit, accumule les actifs (technologie, robotisation, automatisation, entrepôts, etc.), mais dont le rendement sur l'avoir des actionnaires et sur ses actifs tarde à se montrer (3,06 % en 2013 et un maigre rendement de 0,75 % de ses actifs) et Costco qui voit son RAA progresser de 11,31 % en 2009 à 17,58 % en 2013 et son rendement de l'actif passer de 5,09 à 7,10 %.

Tableau 18 – RAA comparatifs : Amazon et Costco

ANNÉE	RAA AMAZON	RENDEMENT DE L'ACTIF AMAZON	RAA COSTCO	RENDEMENT DE L'ACTIF COSTCO
2013	3,06 %	0,75 %	17,58 %	7,10 %
2012	-0,49 %	-0,13 %	14,03 %	6,34 %
2011	8,63 %	2,86 %	12,81 %	5,78 %
2010	19,01 %	7,07 %	12,50 %	5,69 %
2009	22,75 %	8,15 %	11,31 %	5,09 %

Donc, non seulement le RAA de Costco est plus élevé et constant en termes absolus, mais également en termes relatifs de RAA qui s'améliore. La question demeurera entière pour encore quelques années : Amazon réussira-t-elle à rentabiliser tous ses investissements ? Costco, et son nouveau magasin en ligne, réussira-t-il à faire face à l'offre d'Amazon ? Laquelle des deux douves est la plus solide ? Quel « château fort » est le mieux protégé et le mieux équipé pour affronter l'avenir ?

FORD ET TOYOTA

C'est ici que le rendement de l'actif raconte une tout autre histoire que le RAA. Ford a vu son avoir tellement diminuer à cause de ses pertes accumulées que ses profits récents semblent énormes (281,62 % en 2011) si on les compare à son avoir des actionnaires. En réalité, tout l'argent investi dans les robots et la modernisation des années passées (total des actifs) ont rapporté 3,07 et 3,65 % en 2012-2013. Les manufacturiers automobiles doivent déployer des sommes importantes de capital afin de se maintenir à jour et c'est la raison pour laquelle les rendements sur leurs actifs sont en général très faibles.

Tableau 19 – RAA comparatifs : Ford et Toyota

ANNÉE	RAA FORD	RENDEMENT DE L'ACTIF FORD	RAA TOYOTA	RENDEMENT DE L'ACTIF TOYOTA
2013	33,81 %	3,65 %	13,70 %	4,4 %
2012	36,58 %	3,07 %	8,48 %	2,7 %
2011	281,62 %	11,78 %	2,72 %	0,9 %
2010	Sans objet	3,65 %	3,95 %	1,3 %
2009	Sans objet	1,32 %	2,05 %	0,71 %

Toyota, *top* société bien gérée, réussit à faire mieux. Son RAA est passé de 2,05 à 13,70 %, mais son rendement de l'actif demeure faible variant autour de 0,71 à 4,4 %. N'oublions pas que nous parlons ici du manufacturier ayant la marque la mieux « monétisée » au monde, qui bénéficie de loyaux clients et qui négocie moins que la moyenne pour la vente de ses véhicules.

BOMBARDIER ET ALIMENTATION COUCHE-TARD

En terminant ce chapitre, trois compagnies assez différentes sont regroupées : Bombardier, Alimentation Couche-Tard et Berkshire Hathaway. À partir de ce moment, nous ne suivrons plus Nortel ou BNSF, car leurs situations particulières ne permettent pas des comparaisons équitables et transparentes.

Bombardier affiche des RAA impressionnants de 36,83, 92,16 et 286,64 % au cours des 3 dernières années, ce qui est très bien, mais comme vous vous en doutez, cela dépend en grande partie du fait que son avoir des actionnaires a été fortement diminué par des pertes antérieures. Lorsque l'on regarde son rendement des actifs, les chiffres sont plus faibles et ont tendance à diminuer, passant de 3,38 % en 2010 à 2,05 % en 2013. L'industrie de la fabrication d'avions et de trains, comme celle de l'automobile, demande beaucoup d'investissements en capital et les marges de profit ainsi que les commandes ne sont pas régulières, ce qui rend les compagnies vulnérables aux cycles économiques.

Tableau 20 – RAA comparatifs : Bombardier par rapport à Alimentation Couche-Tard et à Berkshire Hathaway

ANNÉE	RAA BOMBARDIER	RENDEMENT DE L'ACTIF BOMBARDIER	RAA COUCHE-TARD	RENDEMENT DE L'ACTIF COUCHE-TARD	RAA BERKSHIRE HATHAWAY	RENDEMENT DE L'ACTIF BERKSHIRE HATHAWAY
2013	36,83 %	2,05 %	22,60 %	7,69 %	9,51 %	4,27 %
2012	92,16 %	2,37 %	21,25 %	7,64 %	8,41 %	3,62 %
2011	286,64 %	3,51 %	22,26 %	10,83 %	6,37 %	2,68 %
2010	20,74 %	3,38 %	20,85 %	9,62 %	8,99 %	3,87 %
2009	25,15 %	3,28 %	20,60 %	8,71 %	6,70 %	2,85 %

Alimentation Couche-Tard fait contraste avec ses RAA variant de 20,60 à 22,60 % qui se comparent avantageusement aux compagnies performantes sur le marché. De 2011 à 2012, vous remarquerez une baisse notable de son rendement sur ses actifs (qui n'ont pas influencé son RAA). Cela dépend d'une importante acquisition qui a fait plus que doubler les actifs de la compagnie (de 4,3 à 10,5 G$ US), réduisant ainsi le rendement relatif de ses bénéfices. Mais, on voit que tout de suite, en 2013, la tendance à la hausse reprenait légèrement.

Vous sourirez en analysant les chiffres de la compagnie de Warren Buffett, Berkshire Hathaway. Les RAA de sa compagnie ne sont réellement pas spectaculaires, variant de 6,7 à 9,5 %. Son rendement des actifs n'est pas beaucoup plus ronflant à 4,27 %. Alors, pourquoi tant d'insistance sur cette compagnie ? Son bénéfice net ne raconte pas toute l'histoire. Ainsi, le bénéfice net par action de Berkshire en 2013 a été de 11 850 $, comme nous l'avons vu au chapitre précédent, mais la valeur comptable par action est passée de 114 214 à 134 973 $, soit une augmentation de 20 759 $, beaucoup plus élevée que les 11 850 $ de bénéfice net. D'où vient cette différence ? D'une petite note au bilan *Accumulated comprehensive income*, ou « Revenus compréhensifs accumulés », c'est-à-dire des plus-values sur placements (investissements boursiers pour la plupart) qui ne sont pas comptabilisées en tant que bénéfices proprement dits (en effet, comme vous le savez, vous ne payez pas d'impôts sur la plus-value d'une action que vous possédez, à moins que vous ne la vendiez). Ainsi, une grande partie de la plus-value de Berkshire Hathaway provient de son impressionnant portefeuille boursier (plus de 110 G$ US) qui se reflète donc dans la valeur comptable par action, mais non dans le RAA ou le bénéfice net divisé par son avoir des actionnaires.

Que dit-on, déjà ? Il ne faut pas regarder une seule statistique pour se faire une idée d'une compagnie !

CHAPITRE ONZE

LES BNR RÉINVESTIS À HAUT RENDEMENT

« Si le jeu se réduisait à connaître le passé,
alors les gens les plus riches seraient les libraires. »

– Warren Buffett

— Monsieur le président de la Big Company, j'aimerais vous poser cette question : que faites-vous avec tous vos profits ?

— Eh bien, pour commencer, vous avez reçu un joli dividende l'année dernière… ainsi que les neuf autres années passées, n'est-ce pas ?

— Oui, je sais, et je vous en remercie. D'ailleurs, je dois payer de l'impôt et les réinvestir, ces dividendes. Donc, ce n'est pas que du positif, vous savez. La question que je vous pose est la suivante : « Que faites-vous avec l'argent que vous ne me versez pas en dividendes et qui demeure en votre possession ? »

— Je ne comprends pas le sens de votre question. Notre action va quand même assez bien en Bourse, vous recevez des dividendes et en plus vous aimeriez savoir ce que nous faisons avec l'argent que vous n'avez pas reçu ? Vous n'avez même pas travaillé pour cet argent !

— Au contraire ! Grâce à mes épargnes, provenant de mon travail, justement, je suis actionnaire de votre Big Company et les bénéfices non répartis, comme vous l'indiquez dans vos états financiers, me sont acquis pour chacune de mes actions. Ce n'est pas parce que je ne reçois pas le dividende en argent sonnant que je vous laisse cet argent sans vérifier ce que vous faites…

— Mais… mais… comment pourrez-vous vérifier ? C'est si compliqué, notre entreprise, nos affaires, nos stratégies à long terme…

— Ne vous en faites pas. J'ai trouvé un moyen…

Quand une compagnie réalise des bénéfices, elle peut faire deux choses avec l'argent gagné : le renvoyer aux actionnaires, en déclarant un dividende, ou conserver les bénéfices qui sont alors réinvestis (dépenses en capital) pour la croissance future. Les bénéfices conservés sont appelés « bénéfices non répartis », ou BNR, signifiant ainsi qu'ils n'ont pas été distribués aux actionnaires, donc non répartis. Simple, non ?

Buffett a trouvé une manière, plus qu'intéressante, d'analyser le rendement que procurent les BNR. Il fait le raisonnement suivant : si la compagnie produit 1 $ de bénéfice par action (BPA) grâce à son capital actuel et que dans 5 ans elle produit 1,50 $ de BPA, il attribue la hausse de 0,50 $ au fait que la compagnie a conservé des BNR et qu'elle les a réinvestis pour faire plus d'argent. C'est un peu comme si nous laissions l'argent dans la compagnie pour qu'elle le replace pour nous. Lorsqu'elle verse un dividende et que nous n'en avons pas besoin, il faut payer l'impôt sur le dividende et trouver à le replacer. Si la compagnie conserve ses bénéfices et les réinvestit pour nous de manière efficace, nous évitons l'impôt et nous profitons de la connaissance des dirigeants pour faire un meilleur rendement. L'investisseur valeur sait que dans un avenir plus ou moins lointain, le marché finit par valoriser les compagnies qui ont de bonnes valeurs comptables et un bon rendement de l'avoir. Il suffit d'être patient.

Note

Parmi tous les livres que j'ai lus et les trucs que j'ai pris en note, celui qui précède est mon favori.

CIBC ET BANQUE ROYALE

Nous reprenons donc les tableaux des BPA du chapitre 9 auxquels nous ajoutons maintenant le dividende annuel versé et, par soustraction, l'ajout de la différence aux BNR de la compagnie, notamment la CIBC, dans ce cas-ci.

De 2003 à 2013, la CIBC a cumulé des BPA de 51,53 $ et versé des dividendes totaux de 33,76 $, laissant ainsi dans les coffres de la compagnie des BNR de 17,77 $ par action. En 2003, le BPA de la CIBC était de 4,89 $ alors qu'en 2013, il était de 8,23 $, une augmentation de 3,34 $. Cette augmentation est, selon le raisonnement que nous avons fait en début de chapitre, relié au fait que la compagnie a su réinvestir à bon escient les sommes qu'elle a gardées sous forme de BNR. Quel est donc son rendement sur cet argent qu'elle aurait pu nous envoyer sous forme de dividendes additionnels ?

Tableau 21 – BPA, dividendes et BNR de la CIBC

Année	BPA	Dividendes	BNR	Cours de l'action (à la fin de l'année)
2003	4,89 $	1,64 $	3,25 $	41,85 $
2004	5,28 $	2,20 $	3,08 $	44,46 $
2005	-0,61 $	2,66 $	-3,27 $	53,78 $
2006	7,34 $	2,76 $	4,58 $	70,16 $
2007	9,21 $	3,11	6,10 $	52,84 $
2008	-5,89 $	3,48	-9,37 $	35,70 $
2009	2,65 $	3,48	-0,83 $	51,93 $
2010	5,87 $	3,48	2,39 $	64,90 $
2011	6,71 $	3,51	3,20 $	67,97 $
2012	7,85 $	3,64	4,21 $	77,80 $
2013	8,23 $	3,80	4,43 $	84,81 $
TOTAL	**51,53 $**	**33,76 $**	**17,77 $**	**+42,96 $**

Eh bien, prenons l'augmentation de 3,34 $ et divisons par 17,77 $ le montant des BNR accumulés depuis 2003. Le résultat est 18,8 %. Ainsi, le fait que la CIBC garde une partie de ces bénéfices afin de les faire fructifier nous rapporte, comme actionnaire, un rendement de 18,8 %.

Comment le marché boursier apprécie-t-il cet état de fait ? L'action de la CIBC s'est appréciée de 42,96 $ de 2003 à 2013. Pour chaque dollar conservé sous forme de BNR, la valeur de l'action s'est accrue de 2,42 $. Le marché a très bien répondu !

Au cours de la même période que la CIBC, soit de 2003 à 2013, les BPA accumulés de la Banque Royale ont été de 40,41 $, ses dividendes de 19,04 $ et ses BNR de 21,37 $.

Tableau 22 – BPA, dividendes et BNR de la Banque Royale

Année	BPA	Dividendes	BNR	Cours de l'action
2001	1,95 $	0,69	1,26	16,63 $
2002	1,96 $	0,76	1,20	18,40 $
2003	2,19 $	0,86	1,33	21,33 $
2004	2,38 $	1,01	1,37	22,03 $
2005	2,63 $	1,19	1,44	32,04 $
2006	3,61 $	1,44	2,19	40,51 $
2007	4,19 $	1,82	2,37	38,95 $
2008	3,37 $	2,00	1,37	24,54 $
2009	3,07 $	2,00	1,07	43,92 $
2010	3,82 $	2,00	1,82	46,75 $
2011	4,55 $	2,04	2,51	47,45 $
2012	5,05 $	2,22	2,83	58,65 $
2013	5,55 $	2,46	3,09	67,66 $
TOTAL	**40,41 $**	**19,04 $**	**21,37 $**	**+46,33 $**

En 2003, le BPA de la Banque Royale était de 2,19 $ alors qu'il était de 5,55 $ en 2013, soit une augmentation de 3,36 $. Si nous divisons 3,36 $ par 21,37 $, nous obtenons un rendement de 15,7 %. C'est plus bas que la CIBC, mais tout à fait respectable pour un actionnaire qui « accepte » de laisser les bénéfices accumulés aux bons soins de la compagnie. Et le marché, comment a-t-il réagi ? De 2003 à 2013, l'action de la Banque Royale a augmenté de 46,33 $, soit 2,17 $ de valeur par dollar de BNR conservé. Très bien !

BOMBARDIER

De 2003 à 2013, les BPA de Bombardier ont été de 2,97 $, ses dividendes de 0,63 $ et son BNR de 2,34 $. En 2003, le BPA de Bombardier était de 0,03 $ et a augmenté à 0,29 $ en 2013, ce qui représente une hausse de 0,26 $. Si l'on divise cette hausse de 0,26 $ par 2,34 $, nous obtenons 11,1 %, ce qui est acceptable.

Tableau 23 – BPA, dividendes et BNR de Bombardier

Année	BPA	Dividendes	BNR	Cours de l'action
2003	0,03	0,00	0,03	4,31 $
2004	-0,02	0,07	-0,09	2,29 $
2005	0,11	0,00	0,11	2,61 $
2006	0,13	0,00	0,13	3,89 $
2007	0,22	0,00	0,22	4,33 $
2008	0,57	0,07	0,50	3,37 $
2009	0,41	0,09	0,32	4,58 $
2010	0,44	0,10	0,34	5,25 $
2011	0,47	0,10	0,37	4,36 $
2012	0,32	0,10	0,22	3,78 $
2013	0,29	0,10	0,19	3,97 $
TOTAL	**2,97 $**	**0,63 $**	**2,34 $**	**(0,34) $**

Comment le marché a-t-il réagi ? De 2003 à 2013, l'action de Bombardier a tout de même perdu 0,35 $ (4,32 $-3,97 $). Au moment d'écrire ces lignes, elle se situe aux environs de 3,50 $. Le marché attend toujours des signes de rentabilité plus forts et est indécis quant à la direction que la compagnie ainsi que son cours prendront dans les prochaines années.

ALIMENTATION COUCHE-TARD

De 2003 à 2013, les BPA accumulés d'Alimentation Couche-Tard ont été de 6,04 $, ses dividendes de 0,398 $ et ses BNR de 5,64 $.

En 2003, le BPA d'Alimentation Couche-Tard était de 0,11 $, alors qu'il était de 1,35 $ en 2013, soit une augmentation de 1,24 $. Si nous divisons 1,24 $ par 5,64 $ nous obtenons un rendement de 22 %, ce qui est plus qu'excellent.

Tableau 24 – BPA, dividendes et BNR d'Alimentation Couche-Tard

Année	BPA	Dividendes	BNR	Cours de l'action
2003	0,11 $	-	0,11	3,15 $
2004	0,14 $	-	0,14	5,40 $
2005	0,30 $	-	0,30	6,53 $
2006	0,31 $	0,016	0,294	7,29 $
2007	0,31 $	0,036	0,274	4,85 $
2008	0,43 $	0,046	0,384	4,21 $
2009	0,53 $	0,04	0,49	6,13 $
2010	0,66 $	0,07	0,59	8,32 $
2011	0,83 $	0,09	0,74	9,74 $
2012	1,07 $	0,10	0,97	15,89 $
2013	1,35 $	-	1,35	27,27 $
TOTAL	**6,04 $**	**0,398 $**	**5,64 $**	**+24,12 $**

Et le marché, comment a-t-il réagi ? De 2003 à 2013, l'action d'Alimentation Couche-Tard a augmenté de 24,12 $, soit 4,28 $ de valeur pour chaque dollar de BNR conservé. Très, très bien !

AMAZON

De 2003 à 2013, les BPA accumulés d'Amazon ont été de 12,21 $, ses dividendes de 0,00 $ et ses BNR de 12,21 $. En 2003, le BPA d'Amazon était de 0,36 $, alors qu'il était de 0,59 $ en 2013, soit une augmentation de 0,23 $. Si nous divisons 0,23 $ par 12,21 $ nous obtenons un rendement de 1,9 %.

Tableau 25 – BPA, dividendes et BNR d'Amazon

Année	BPA	Dividendes	BNR	Cours de l'action (à la fin de l'année)
2003	0,36 $	-	0,36 $	50,40 $
2004	1,39 $	-	1,39 $	43,22 $
2005	0,78 $	-	0,78 $	44,82 $
2006	0,45 $	-	0,45 $	37,67 $
2007	1,12 $	-	1,12 $	77,70 $
2008	1,49 $	-	1,49 $	58,82 $
2009	2,04 $	-	2,04 $	125,41 $
2010	2,53 $	-	2,53 $	169,64 $
2011	1,37 $	-	1,37 $	194,44 $
2012	0,09 $	-	0,09 $	265,50 $
2013	0,59 $	-	0,59 $	358,69 $
TOTAL	**12,21 $**	**- $**	**12,21 $**	**+308,29 $**

Et le marché, comment a-t-il réagi ? De 2003 à 2013, l'action d'Amazon a augmenté de 308,29 $, soit 25,25 $ de valeur pour chaque dollar de BNR conservé. Hum ! Le marché a-t-il donc récompensé la mauvaise compagnie ? Amazon conserve dans ses livres 12,21 $, ne redonne en retour que de maigres augmentations de BPA et le marché prend son action et l'envoie directement dans la stratosphère ! Nous venons de toucher à l'une des raisons pour laquelle certaines personnes n'aiment pas l'approche valeur : nous ne pouvons participer à de telles envolées ! Où est le rationnel ? Quelle est la base qui permet d'accorder une telle valeur à une compagnie qui peine à faire ses devoirs en matière de rentabilité ?

Tout est dans « l'expectative des marchés en regard des profits futurs de la compagnie ». Souhaitons pour les actionnaires que leurs expectatives s'avèrent fondées, car, pour le moment, l'évaluation tient difficilement la route…

APPLE

De 2003 à 2013, les BPA accumulés d'Apple ont été de 20,94 $, ses dividendes de 2,43 $ et ses BNR de 18,51 $. En 2003, le BPA d'Apple était de 0,01 $, alors qu'il était de 5,62 $ en 2013, soit une augmentation de 5,61 $. Si nous divisons 5,61 $ par 18,51 $ nous obtenons un rendement de 30,3 %.

Tableau 26 – BPA, dividendes et BNR d'Apple

Année	BPA	Dividendes	BNR	Cours de l'action (à la fin de l'année)
2003	0,01 $	-	0,01 $	1,53 $
2004	0,05 $	-	0,05 $	5,22 $
2005	0,23 $	-	0,23 $	10,26 $
2006	0,34 $	-	0,34 $	11,65 $
2007	0,58 $	-	0,58 $	18,39 $
2008	0,78 $	-	0,78 $	12,25 $
2009	0,91 $	-	0,91 $	26,10 $
2010	2,16 $	-	2,16 $	46,10 $
2011	3,95 $	-	3,95 $	62,02 $
2012	6,31 $	0,76 $	5,55 $	62,44 $
2013	5,62 $	1,67 $	3,95 $	70,34 $
TOTAL	**20,94 $**	**2,43 $**	**18,51 $**	**+68,81 $**

Et le marché, comment a-t-il réagi ? De 2003 à 2013, l'action d'Apple a augmenté de 68,81 $, soit 3,71 $ de valeur pour chaque dollar de BNR conservé. Très bien… mais Alimentation Couche-Tard a fait mieux. Surprenant, non ?

LE CAS DE COCA-COLA

L'un des investissements les plus « mythiques » qu'a réalisés Warren Buffett au cours de sa carrière est celui de Coca-Cola. Dans son livre *Buffettology*[46], Mary Buffett met en évidence une analyse de Coca-Cola, selon la méthode Buffett que vous venez de voir dans ce chapitre. De 1983 à 1993, les BPA accumulés de Coca-Cola ont été de 4,44 $, ses dividendes de 1,89 $ et ses BNR de 2,55 $. En 1983, le BPA de Coca-Cola était de 0,17 $, alors qu'il était de 0,84 $ en 1993, soit une augmentation de 0,67 $. Si nous divisons 0,67 $ par 2,55 $ nous obtenons un rendement de 26,2 %. Qui plus est, les BPA de la compagnie augmentaient de façon régulière et constante, le RAA était à l'époque aussi élevé sinon plus qu'il ne l'a été au cours des dix dernières années (souvent au-dessus de 30 %) et la compagnie avait, de toute évidence, un avantage compétitif indéniable, une forme de douve.

Et Buffett, comment a-t-il réagi ? En 10 mois, il a acheté 93 400 000 actions à un prix moyen de 10,96 $ par action et pour une valeur totale de 1,023 G$. À la fin de 1989, Coca-Cola représentait 35 % du portefeuille boursier de Berkshire Hathaway. Aujourd'hui, cet investissement vaut 16,9 G$ et rapporte près de 500 M$ en dividendes annuellement. Bien sûr, Buffett ne s'est pas fié que sur cette méthode, mais elle faisait partie de l'ensemble de son arsenal et lui a permis de valider de quelle manière était employé le capital dans cette entreprise.

CHAPITRE DOUZE

LE RATIO COURS/BÉNÉFICES (C/B)

« Supposons qu'un ratio de 14 fois les bénéfices représente un marché moyen. Ne le considérez pas comme normal à 20 ou 25, même s'il reste longtemps à ce niveau. Par contre, si, après une panique ou une récession sévère, il descend à 12 ou à 8, ne laissez pas passer cette occasion d'acheter, et ce, même s'il a l'air de ne plus vouloir bouger[47]. »

– Stephen Jarislowsky

C'est samedi, le temps de faire les emplettes. Vous allez à votre supermarché favori. Vous êtes conscient du coût des aliments et vous voilà dans l'allée centrale en train de comparer deux marques de beurre d'arachides. Les deux pots sont côte à côte. L'un est à 3,54 et l'autre à 7,65 $. Ils sont difficiles à comparer, car ils ne contiennent pas la même quantité. Par contre, vous êtes chanceux, en lisant la petite étiquette sur la tablette, vous remarquez le prix pour 100 g. Vous voilà en affaires pour effectuer une comparaison juste, si vous n'êtes pas attaché à la marque et aux oursons en peluche brune, bien sûr. L'un se vend 0,98 $/100 g et l'autre est à 0,75 $/100 g.

Le ratio cours/bénéfices permet de comparer les bénéfices des compagnies sur une base commune, en divisant le cours actuel de l'action par le dernier bénéfice net des douze derniers mois. Le chiffre ainsi calculé nous donne combien de fois le bénéfice net est inclus dans le prix de l'action. Le prix pour 100 g, si vous préférez.

Si l'action de la compagnie A se vend 5 $ et que son BPA est de 0,25 $, son ratio C/B est de 20 (5 $/0,25 $).

Si l'action de la compagnie B se vend 85 $ et que son BPA est de 5,67 $, son ratio C/B est de 15 (85 $/5,67 $).

Toutes choses égales d'ailleurs, l'action de B se vend moins cher que celle de A. Maintenant, il reste à décider s'il vaut mieux payer plus cher pour acquérir A au lieu de B. C'est le même dilemme pour le beurre d'arachides : les oursons ou la marque maison ?

Le ratio C/B exprime plus que le seul BPA historique. Il exprime l'attente du marché par rapport au taux de croissance des bénéfices de la compagnie. Lorsque le ratio C/B est élevé, cela signifie que le cours de l'action est supporté par les attentes du marché vis-à-vis des performances futures. Quand il y a autant d'attentes d'intégrées dans le prix, la moindre mauvaise nouvelle est susceptible de faire sombrer le prix de l'action de manière dramatique.

Comme beaucoup d'investisseurs l'ont appris de dure façon, les bénéfices ne peuvent doubler chaque année indéfiniment. De la même manière qu'un pendule retourne vers le centre après un mouvement extrême, les taux de croissance exceptionnels finissent, un jour ou l'autre, par revenir à un taux normal. Les spécialistes universitaires nomment ce phénomène « retour à la moyenne ».

UN EXEMPLE : GOOGLE

Au chapitre 8, nous avons étudié le BPA de Google. Cette fois, allons un peu plus loin et analysons la progression absolue de ses bénéfices en dollars. Au cours des dix dernières années, ses bénéfices ont été les suivants :

- 100 M$ en 2003
- 400 M$ en 2004 (+300 %)
- 1,50 G$ en 2005 (+275 %)
- 3,00 G$ en 2006 (+100 %)
- 4,20 G$ en 2007 (+40 %)
- 4,23 G$ en 2008 (+0,71 %)
- 6,52 G$ en 2009 (+54 %)
- 8,50 G$ en 2010 (+30 %)
- 9,74 G$ en 2011 (+14 %)
- 10,74 G$ en 2012 (+10 %)
- 12,92 G$ en 2013 (+20 %)

De 2003 à 2006, le bénéfice de Google est passé de 100 M$ à… 3 G$, soit 30 fois plus élevé. La compagnie a livré la marchandise selon les attentes des investisseurs ! Son ratio C/B est passé de 132 (2004) à 92 (2005) à 46 (2006).

De 2007 à 2010, les profits de Google ont continué d'augmenter, passant de 3 à 8,5 G$, soit une augmentation de 2,8 fois. C'est excellent, mais beaucoup moins que les 30 fois de 2003 à 2006. Son ratio C/B est passé de 49 (2007) à 24 (2008) à 23 (2010).

De 2010 à 2013, les profits ont continué d'augmenter, passant de 8,5 à 12,9 G$, une augmentation de « seulement » 51 %. La compagnie se stabilise, est devenue plus mature. Ses exploits du passé ne se répéteront plus.

Son ratio C/B de 30,23 (au 2 septembre 2014) reflète sa croissance et les attentes actuelles du marché. Cette statistique est en baisse par rapport au ratio de 132 atteint en 2006. C'était l'évidence que son rythme de croissance ralentirait. Il a d'ailleurs baissé sous la barre de 100 % pour la première fois en 2007. Par conséquent, son ratio C/B a plongé de 70 % (30 par rapport à 132). C'est une correction importante.

Microsoft, autrefois une compagnie à très forte croissance, profitait d'un ratio C/B de 79. Il est maintenant de 17,6. La compagnie a pris de l'expansion et des parts de marché, elle a maturé et atteint un certain plateau. C'est la nature des choses.

John Neff[48], gestionnaire de style valeur, a toujours eu un très fort penchant pour les compagnies affichant un faible ratio C/B. Typiquement, au cours de sa carrière, il possédait des compagnies dont le ratio C/B était du tiers inférieur (33% moindre) à la moyenne du ratio C/B des compagnies incluses dans l'indice S&P 500. Il a religieusement suivi cette règle de conduite à travers tous les genres de conditions de marché. De nombreuses statistiques semblent lui donner raison et démontrent qu'investir en mettant l'accent sur les compagnies avec des ratios C/B plus bas fonctionne. Son exemple le démontre de belle façon : il a géré le fonds Windsor pendant 31 années. Ses résultats[49] étant de 13,7 % contre 10,6 % pour le S&P 500. Pas mal…

Mais, il faut quand même faire attention. Le fait de s'attarder sur les compagnies avec de faibles ratios C/B ne veut pas dire qu'elles sont toutes de qualité. C'est un début, un point de départ, mais ce n'est pas la fin ni l'unique solution. Il faut savoir faire la distinction entre une compagnie mal comprise, ignorée ou négligée par le marché et une compagnie carrément dans le trouble et qui mérite un tel ratio, car son avenir n'est pas rose.

Pour lui, le juste équilibre est de viser une compagnie dont le taux de croissance est raisonnable : pas plus bas que 6 % et pas plus haut que 20 %. Il évite donc ainsi la phase maniacodépressive, entre la dépression et l'infatuation. Pas bête comme idée. Pas bête du tout.

Jarislowsky, de son côté, considère des ratios C/B de 24 ou 26 comme des sommets et des occasions de vente. Pour lui, des ratios aussi bas que 8 ou 12 sont des occasions d'achat. Cela élimine en bonne partie les actions de compagnies technologiques à la mode, car leurs ratios C/B sont souvent dans la stratosphère !

Lorsque l'on paie un prix exorbitant pour la croissance prévue des profits d'une compagnie, tout va bien tant que tout va bien, mais à la moindre mauvaise nouvelle, à la sortie d'une nouvelle technologie compétitive, une rumeur de poursuite, et ainsi de suite, le multiple que les investisseurs sont prêts à payer sera réduit comme peau de chagrin et un effondrement est probable. C'est un peu comme se tenir en équilibre sur le bout d'une chaise qui elle-même ne se tient que sur deux pattes. Tout va tant que tout va, mais s'il vente ou que l'équilibriste perd sa concentration, alors ça fait mal, et il y a beaucoup de bruit causé par les pots cassés.

Lorsque l'on investit dans les compagnies avec des ratios C/B relativement bas, cela permet de se donner une marge d'erreur en cas de surprise négative.

Note

Une grande différence entre Neff et Buffett est que, pour Neff, toutes les actions qu'il détenait, grâce au fonds Windsor, étaient toujours à vendre si le prix offert était suffisant. Buffett, de son côté, vise un temps de détention le plus longtemps possible, pour toujours étant un idéal !

Une autre façon de voir le ratio C/B est de le renverser, de faire le contraire et de diviser le BPA par le cours de l'action. Si l'action d'une compagnie se vend 20 $ et que son BPA est de 1 $, son ratio C/B est de 20 (20 $/1 $).

Si vous faites le contraire et que vous divisez 1 par 20 $, vous obtenez 5 %, le rendement du bénéfice sur le cours de l'action. Imaginez qu'une compagnie a émis 50 000 actions. Vous décidez d'acheter toutes les 50 000 actions, car vous décidez de prendre le contrôle de cette compagnie. Votre « déboursé » : 50 000 x 20 $/action=1 000 000 $. Votre profit annuel : 50 000 x 1 $/action=50 000 $ de profits pour un investissement de 1 M$. Est-ce une bonne transaction ?

Vous pourriez vous procurer une obligation du gouvernement du Canada avec un rendement de 2,5 %. Votre investissement est-il intéressant s'il ne vous rapporte « que » 2,5 % de plus ? Pourquoi les gens paient-ils 20, 25, 30 fois les bénéfices alors ? Parce qu'ils anticipent que les profits augmenteront.

Si vous achetez une obligation, le rendement sera fixe pour les dix prochaines années. Les profits d'une compagnie en bonne santé et possédant un avantage concurrentiel augmentent avec le temps. Si la compagnie que vous achetez augmente ses bénéfices de 10 % par année, ceux-ci doubleront dans 7 ans. Le rendement du bénéfice en rapport avec votre investissement initial sera donc, dans 7 ans, de 10 % au lieu des 2,5 % constants des obligations canadiennes. La compagnie fera 2 $ de profits par action au lieu de 1 $.

Vous serez content.

Si la compagnie fait mieux que 10 % de croissance des profits, ça aura été un excellent investissement. Si les profits de la compagnie stagnent ou décroissent, vous vous direz alors que vous auriez dû vous en tenir aux obligations, moins compliquées, plus sûres… Le truc, bien entendu, est de payer le bon ratio C/B pour la bonne compagnie et la bonne croissance de bénéfice. Le fait d'investir dans une compagnie qui a eu des BPA stables et en croissance sur une longue période grâce à une position dominante sur le marché peut faciliter les projections en ce sens.

RETOUR EN ARRIÈRE

Au moment d'écrire ces lignes, le ratio C/B du S&P 500 est de 19,66, soit tout près de 20. Il est à son plus haut depuis 2010. En 2009, on remarque le chiffre 70,90 qui nous saute aux yeux. Le marché n'était pas dans une bulle (au contraire !), mais les profits des compagnies composant l'indice étaient descendus si bas que cela a propulsé le ratio. En effet, plus nous approchons de zéro lors d'une division, plus le chiffre obtenu sera élevé. Par exemple, si le BPA d'une compagnie est de 1 $ et son prix est de 20 $ (comme dans notre exemple), son ratio C/B sera de 20. Par contre, si son BPA descend à 0,02 $ par action au cours d'une année particulièrement difficile, son cours de 20 $ divisé par 0,02 $ nous donnera un ratio C/B de 1 000 ! Il sera normal pour le marché de maintenir un prix par action de 20 $ si celui-ci s'attend à ce que les profits reviennent à la normale au cours de l'année suivante, mais un observateur externe pourrait croire que l'action est vraiment hors de prix !

Tableau 27 – Ratios cours par rapport aux bénéfices historiques du S&P 500

Année (au 1er janvier, sauf indication contraire)	Ratio C/B (au 1er janvier)	Ratio de Shiller C/B-10 (au 1er janvier)
2014 (septembre)	19,66	26,28
2013	17,03	21,90
2012	14,87	21,21
2011	16,30	22,98
2010	20,70	20,53
2009	70,91	15,17
2008	21,46	24,02
2007	17,36	27,21
2006	18,07	26,47
2005	19,99	26,59
2004	22,73	27,66
2003	31,43	22,90
2002	46,17	30,28

Année (au 1er janvier, sauf indication contraire)	Ratio C/B (au 1er janvier)	Ratio de Shiller C/B-10 (au 1er janvier)
2001	27,55	36,98
2000	29,05	43,77
1995	14,89	20,22
1990	15,13	17,05
1985	10,85	10,00
1980	7,39	8,85
1975	8,30	8,92
1970	15,76	17,09
1965	18,76	23,27
1960	17,12	18,34
1955	12,58	15,99
1950	7,21	10,75
1945	14,35	11,96
1940	13,23	16,37
1935	16,25	11,49
1930	13,92	22,30
1925	11,02	9,69
1920	9,60	5,99
1915	13,60	10,34

C'est à ce moment qu'arrive l'indice C/B-10 de l'économiste Robert Shiller, professeur émérite à l'Université Yale et gagnant de plusieurs distinctions. En effet, celui-ci divise le cours actuel de l'action par la moyenne des bénéfices, ajustés à l'inflation, au cours des dix dernières années. Le résultat (colonne 2) est un ratio plus élevé (car il tient compte de bénéfices plus anciens, donc, règle générale, moins élevés), mais qui subit de moins fortes variations et permet de mesurer la réelle cherté du marché.

Vous vous souvenez de la bulle spéculative qui a eu lieu en 1999-2000 ? À ce moment, l'indice C/B de Shiller a atteint son maximum historique en décembre 1999 à 44,19. Si l'on compare ce niveau, sur le plan actuel de 26,28, nous ne sommes pas si mal en point !

Par contre, il faut noter que sa moyenne historique est de 15,93. Pour le ratio C/B régulier (colonne 1), la moyenne historique est de 14,56. Si l'on fait la moyenne de ces deux moyennes, nous arrivons donc à quelque chose qui tourne autour de 15. Sur la base de cette analyse, on se rend compte que 2009 représentait une belle occasion d'achat avec un ratio de 15,17. L'ambiance n'était pas nécessairement aux investissements boursiers, à ce moment, mais c'est généralement ce qui se produit lorsque les prix baissent et deviennent très attrayants ! Armé de ces deux séries de ratios historiques, vous pourrez ainsi mieux juger si les compagnies que vous étudiez sont en bas du prix historique moyen du marché ou plus haut. Cela peut aider à faire pencher la balance.

Autre point important : les ratios C/B augmentent lorsque les taux d'intérêt baissent et sont à leur plus bas lorsque les taux d'intérêt sont élevés. Observez les ratios de 1980-1985, au moment où les taux d'intérêt dépassaient 15 % : les ratios C/B n'étaient que de 7,39 ! Les investisseurs refusaient d'investir dans une compagnie qui ne leur procurait « que » 10 ou 12 % de rendement, alors qu'ils pouvaient, sans risque, obtenir des taux sur obligations garanties de 15 % et plus. En moyenne, donc, ils demandaient des rendements initiaux de 13,5 % (1/7,39 [C/B de 1980]=13,5 %).

C'est l'une des raisons qui font trembler les marchés lorsqu'il y a annonce de possibilité de hausse des taux d'intérêt. Une pression à la baisse est exercée alors sur le ratio C/B.

LEÇON D'HISTOIRE À LA BUFFETT, 1999

Ici, Buffett nous ramène en arrière[50] en faisant un parallèle avec une parabole dans la Bible qui fait référence aux années de vaches grasses et de vaches maigres. Il prend les 34 dernières années (avant 1999, l'année de ce discours) et les divise en exactement 2 périodes de 17 ans.

Du 31 décembre 1964 au 31 décembre 1981, le Dow est parti de 874,12 à 875. Ce n'est pas exactement ce que l'on pourrait appeler une grosse progression ! Mais, pendant ce temps, le PIB américain a augmenté de 370 % et les ventes des 500 plus importantes compagnies américaines ont sextuplé pendant ces 17 ans.

Pourtant, le Dow n'est allé absolument nulle part. Comment cela est-il possible ? Eh bien, pour cela, il faut examiner, nous mentionne Buffett, l'une des deux variables les plus importantes : les taux d'intérêt.

Les taux à long terme étaient aux alentours de 4 % en 1964. Vers la fin de 1981, ils avaient atteint un sommet de 15 %. L'effet que peuvent avoir les taux d'intérêt sur le marché se compare à la gravité terrestre : plus les taux montent, plus ils attirent le prix des actions vers le bas.

Puis, au début des années 80, la Réserve fédérale américaine s'est attaquée à l'inflation et la tendance s'est inversée. Le pouvoir d'attirer à la baisse les actions que peuvent avoir les taux d'intérêt a également son contraire : il peut propulser celles-ci à la hausse et c'est exactement ce qui s'est produit de 1981 à la fin de 1998.

Si vous aviez investi 1 M$ dans le Dow le 16 novembre 1981, vous auriez eu, à la fin de 1998, 19,7 M$! Le taux de rendement annuel composé aurait donc été de 19 %. Quand on parle d'années de vaches grasses, en voici donc un bel exemple.

Le deuxième élément qui a pesé lourd pendant 17 ans a été les profits nets des compagnies. Ils ont atteint leur maximum (en % du PIB) en 1929. Par la suite, ils ont connu une baisse constante jusqu'en 1951. Par la suite, ils se sont maintenus dans une fourchette de 4 à 6,5 % du PIB. En 1981, leur tendance était dans le bas de cette fourchette et, en 1982, ils ont périclité jusqu'à un maigre 3,5 %.

À ce moment, les investisseurs avaient en leur possession deux éléments extrêmement négatifs : les profits étaient abyssaux et les taux d'intérêt étaient stratosphériques. Et de manière tout à fait typique à leurs comportements, les investisseurs ont projeté dans le futur ce qu'ils voyaient du passé. C'est leur habitude inébranlable : regarder dans le rétroviseur au lieu de regarder dans le pare-brise.

Ils projetaient des profits peu reluisants pour l'avenir, alors ils estimaient que le Dow valait la même chose qu'il y a dix-sept ans, même si le PIB avait pratiquement quintuplé.

Ce qui a suivi n'a pas été, bien évidemment, une répétition du scénario précédent.

Les taux ont baissé à environ 5 % et les profits ont atteint le niveau presque record de 6 % du PIB vers la fin des années 90, soit le haut de la fourchette « normale » de 4 % à 6,5 %.

Ces deux facteurs fondamentaux, même s'ils n'expliquent pas toute la hausse, en expliquent cependant une bonne partie. Le Dow a donc fait toute une avancée de 875 à 9 181 au cours des 17 années suivantes. L'autre élément qui a bien sûr contribué à cette hausse est la psychologie des marchés.

Tableau 28 – Sommaire des ratios C/B de compagnies étudiées

COMPAGNIE	2014	2013	2012	2011	2010
Ford	9,95	8,5	8,1	2,2	8,7
Toyota	10,24	15,88	44,5	20,3	53,7
Bombardier	11,60	15,9	11,6	8,6	11,4
CIBC	13,36	10,7	10,0	11,2	13,3
Banque Royale	13,97	12,6	11,2	10,9	14,2
Berkshire Hathaway	16,21	15,0	14,8	18,4	15,2
Apple	16,59	12,0	15,1	13,8	19,3
Alimentation Couche-Tard	22,19	22,7	18,8	17,2	12,5
Costco	28,08	25,7	24,9	25,2	24,6
Google	30,05	30,7	21,0	20,7	22,8
Amazon	852,66	676	Sans objet	126	71

Nos compagnies choisies sont maintenant placées dans un tableau récapitulatif et classées du plus faible C/B au plus élevé. Considérant le ratio C/B actuellement en vigueur, Ford et Toyota se vendent donc à un « escompte » de près de 50 % relativement au marché (Ford : 9,95/19,66 ; Toyota : 10,24/19,66). La CIBC (13,36), la Banque Royale (13,97), Bombardier (11,60) et même Apple (16,59) se vendent à un ratio C/B qui est moindre que celui du marché. Donc, une leçon à bien comprendre : ce n'est pas parce que l'indice est élevé et que les « marchés » sont hauts ou à des sommets que toutes les compagnies se vendent à des prix qui sont exorbitants. Le bon investisseur valeur sera toujours à la recherche de la perle rare à un prix d'aubaine ou à tout le moins raisonnable.

À l'autre bout du spectre, vous avez Costco (28), Google (30) et Amazon (852). Grâce au principe de la division par zéro que nous venons de voir, nous pouvons donc comprendre que le chiffre de 852 d'Amazon est obtenu à cause d'un très faible BPA qui nous donne un résultat qui tend vers l'infini. On pourrait se « fabriquer » un indice de Shiller grâce aux BPA des dix dernières années d'Amazon afin de lisser les résultats. Si vous reprenez les BPA d'Amazon des dix dernières années (voir chapitre 8), vous obtiendrez une moyenne de 1,18 $ par action et un ratio C/B moins « élevé », de 255. Donc, encore une fois, grand potentiel perçu, mais prix demandé exorbitant pour la possibilité d'y participer.

Et c'est à ce moment que l'investissement devient vraiment intéressant et délicat. Oui, des compagnies comme Ford, Toyota ou Bombardier n'offrent pas la même force dans leurs BPA et leurs RAA qu'Apple ou Alimentation Couche-Tard, mais elles se vendent à « rabais » en comparaison de ces compagnies solides, bien positionnées et bien gérées. Lesquelles devrait-on favoriser ? Lesquelles offrent les meilleures perspectives de croissance future ? Nous étudierons un modèle de prédiction ainsi qu'un modèle d'évaluation de la valeur intrinsèque d'ici la fin de cette section afin de vous aider dans votre choix.

ET LE WEB 2.0 DANS TOUT ÇA?

J'aime beaucoup les médias sociaux[51]. Je crois qu'ils sont en train de changer notre société, qu'ils jouent un rôle de plus en plus majeur dans la façon dont les compagnies ont de propager leurs messages et de rejoindre leur public cible. Les réseaux sociaux sont probablement là pour rester, même si personne ne sait comment ils évolueront au cours des cinq prochaines années. Dans le tableau ci-après, vous avez trois acteurs majeurs du domaine (Facebook Twitter et LinkedIn) ainsi qu'une compagnie qui est en train de révolutionner la façon dont nous consommons nos films et nos séries télévisées. Netflix est d'ailleurs responsable de près de 34 % de la bande passante aux États-Unis aux heures de pointe[52].

Tableau 29 – Compagnies du Web 2.0 (très en vogue en ce moment)

Compagnie	Capitalisation boursière (Millions $)	Bénéfices nets des douze derniers mois (Millions $)	Cours de l'action, septembre 2014	Ratio C/B, 2014
Facebook	200 001	2 400	78,46 $	85
Twitter	31 001	(851)	52,15 $	Sans objet
LinkedIn	25 000	(14,06)	206,97 $	936
Netflix	26 000	204	443,90 $	133,4
Total	**282 002**	**1 739**		

Donc, ce sont des joueurs majeurs dont la capitalisation boursière combinée est de 282 G$ US. En d'autres termes, si vous vouliez posséder ces 4 compagnies à 100 %, il vous faudrait débourser près de 300 G$. En revanche, quelles compagnies pourriez-vous acquérir pour la même somme ? Je vous fais trois propositions :

- Scénario A : Costco (55 G$) + Wal Mart (247 G$)=302 G$
- Scénario B : Wells Fargo=272 G$
- Scénario C : Coca-Cola (184 G$) + Banque Royale (116 G$)=300 G$

Vous remarquerez dans la deuxième colonne les profits générés par chacune de ces compagnies en 2013. Le total est de 1,7 G$, pour une valorisation de 284 G$. Combien seraient les profits combinés de nos trois scénarios, me demandez-vous ?

- Scénario A : Costco (2 G$) + Wal Mart (16 G$)=18 G$
- Scénario B : Wells Fargo=21 G$
- Scénario C : Coca-Cola (8,3 G$) + Banque Royale (8,5 G$)=16,8 G$

Donc, pour sensiblement le même montant d'argent, je pourrais me procurer un groupe de compagnies qui génèrent déjà des bénéfices de 16 à 21 G$. Vous comprenez maintenant un peu mieux pourquoi Warren Buffett & cie ne s'aventurent pas dans les compagnies de nouvelles technologies aux profits incertains et qui risquent de voir leur modèle d'affaires changer et même attaqué au cours des prochaines années et qui se vendent, malgré tout, à des prix, somme toute, assez élevés.

CHAPITRE TREIZE

COMPRENDRE LE PRINCIPE DE LA VALEUR INTRINSÈQUE

« Ne comptez jamais sur une bonne vente. Faites en sorte que le prix d'achat soit tellement *attractif* que même une vente médiocre donne de bons résultats. »

– Warren Buffett

LA VALEUR INTRINSÈQUE SELON BUFFETT

Warren Buffett = style valeur et style valeur = Warren Buffett. Du style valeur découle un principe, celui de la valeur intrinsèque. Buffett croit tellement à cette notion qu'il l'a intégrée à la fin de son rapport annuel destiné à ses actionnaires en tant que quatorzième principe pour les propriétaires de Berkshire. Eh oui, il y a un manuel d'instructions pour les gens qui veulent se porter acquéreurs de sa compagnie en achetant des actions et il y a quinze principes, édictés par Buffett, destinés aux actuels et aux futurs actionnaires. Voici l'extrait de la page 106 du rapport 2013 de Berkshire : « Autant qu'il soit possible de le faire, nous aimerions que chaque actionnaire de Berkshire enregistre un gain ou une perte dans le marché qui reflète le gain ou la perte de la valeur intrinsèque de notre compagnie pendant le temps que l'investisseur détiendra ses actions. Pour que cela soit possible, il faudrait qu'il y ait une relation constante entre la valeur intrinsèque de l'action de Berkshire et son cours boursier, dans un monde parfait, une relation de 1 à 1.

» Ce que ceci implique est que nous préférons que l'action de Berkshire *se transige* à son niveau équitable plutôt qu'à un niveau trop élevé. Évidemment, Charlie et moi ne pouvons contrôler le prix de Berkshire sur les marchés. Mais, par nos politiques et nos communications, nous pouvons encourager des comportements réfléchis et rationnels qui, à leur tour, engendreront des prix qui seront rationnels.

» Notre approche c'est-aussi-mauvais-d'être-surévalué-que-d'être-sous-évalué peut décevoir quelques actionnaires, mais nous croyons que c'est la meilleure approche pour Berkshire afin d'attirer des actionnaires qui seront avec nous pour le long terme, qui recherchent des profits au fur et à mesure que la compagnie progresse au lieu de vouloir profiter des erreurs des autres actionnaires. »

Vous ne serez probablement pas surpris d'apprendre qu'il est assez rare de lire ce genre de discours dans un rapport annuel… La volonté de Buffett et de Munger réside dans le fait qu'ils ne veulent pas attirer de spéculateurs, de *day traders*, des personnes qui *transigent* à outrance leur action sans la réelle volonté de la détenir à long terme.

Selon Buffett, l'analyse et le calcul de la valeur intrinsèque sont le seul principe qui offre une approche logique de l'évaluation de l'attrait de l'investissement dans une entreprise. Dans sa lettre aux actionnaires de 1992, Buffett écrit ceci : « Dans *The Theory of Investment Value*[53], écrit il y a plus de cinquante ans, John Burr Williams met de l'avant une équation pour la valeur, que nous condensons ici : la valeur de n'importe quelle action ou obligation aujourd'hui est déterminée par les entrées et sorties de capitaux[54] – actualisée à un taux d'intérêt approprié – qui peuvent être anticipées au cours de la durée de vie de l'actif. Il est à noter qu'il s'agit de la même formule pour les actions que pour les obligations. »

Il continue en disant que pour les obligations, le *management* en place dans la compagnie a peu d'impact, à moins que les administrateurs ne soient réellement ineptes ou malhonnêtes. Par contre, ce même *management* aura une influence très positive ou négative sur les « coupons » (BPA) associés aux actions de la compagnie. « Le calcul de la valeur intrinsèque, par contre, n'est pas simple. Comme notre définition le suggère, la valeur intrinsèque est plus une estimation qu'un nombre précis et c'est encore plus une estimation qui changera si les taux d'intérêt bougent ou si les entrées de fonds futures sont révisées. [...] Les marchés se comportent souvent, pendant un long moment, comme si la valeur ne comptait pas, comme s'ils n'étaient pas liés à la valeur, mais tôt ou tard, la valeur compte. »

Est-ce que la valeur comptable et la valeur intrinsèque sont reliées ? Pas vraiment. Buffett nous sort alors l'exemple de l'éducation. Si une personne décide d'aller à l'université afin d'avoir une meilleure carrière ainsi qu'un meilleur salaire, on pourra alors calculer la valeur comptable de son éducation : tous les *frais* de scolarité, pendant quatre ans ou plus, auxquels on pourra additionner le salaire qu'elle n'aura pas gagné pendant le temps où elle étudie.

Par la suite, on pourra estimer le salaire qu'elle gagnera grâce à son diplôme et le comparer au salaire qu'elle aurait gagné sans celui-ci. Si l'on prend cette différence de salaire multipliée par le nombre d'années de sa carrière et que l'on actualise ces montants en dollars d'aujourd'hui, nous arrivons au calcul de la valeur intrinsèque de l'éducation. Ensuite, il suffit de comparer cette valeur au coût (valeur comptable) de l'éducation et ainsi de savoir si la personne qui a payé les études en a vraiment eu pour son argent. Certains parents pourraient être intéressés par ce calcul !

Bien entendu, nous dit Buffett, cela prend seulement en compte la valeur financière de l'éducation et néglige les autres aspects. Mais, il voulait marquer un point et nous sortir un exemple intéressant.

Vous désirez un contre-exemple ? Nortel. Vous avez pu constater que ses bénéfices ont été négatifs tout au long des années 2000. La compagnie ne faisait pas de profit, au contraire. Quelle est la valeur intrinsèque d'une compagnie qui ne fait jamais de profit ? Zéro. À n'importe quel taux d'actualisation… 0=0. Alors, même si un investisseur a payé 1 $ par action, alors que la valeur intrinsèque était de 0 $, c'était trop cher pour un investisseur valeur.

LE MODÈLE D'ACTUALISATION DES *CASH FLOW*[55]

L'actualisation consiste à prendre un chiffre dans le futur et à le ramener à une valeur présente. Pour ce faire, une simple calculatrice financière fait habituellement l'affaire. Par contre, lorsque vous commencez à parler de revenus annuels, et que vous désirez faire des variations avec les différents taux d'intérêt, vous risquez rapidement de vous perdre.

À cet effet, je lève mon chapeau à Robert Hagstrom qui a écrit le premier livre sur Buffett que j'aie jamais lu et qui, dans sa troisième édition, propose un chiffrier Excel[56] grâce auquel vous pouvez rapidement calculer la valeur intrinsèque d'une compagnie. Armés de cet outil, de quelques chiffres de départ et de *formidables* prédictions, nous pourrons maintenant calculer la valeur intrinsèque de toutes les compagnies que nous « rencontrerons ».

Je ne prendrai pas d'exemples parmi les compagnies que nous avons étudiées jusqu'à maintenant, car je ne veux vraiment pas arriver avec une estimation qui veut dire « Achetez ! » ou « Vendez ! ». Ce n'est pas le but de ce livre. Ce sera à vous de faire ce travail à la fin de votre lecture !

Je vous présente donc pour la première fois la compagnie fictive Formid Ablaction inc. Cette compagnie a retenu notre attention, car son BPA au cours des dix dernières années a connu une croissance stable et elle n'a fait aucune perte. Son RAA est équivalent et même supérieur à plusieurs de ses compétiteurs. La compagnie connaît bien son marché, continue à prendre de l'expansion et nous avons confiance en l'équipe de direction qui est en place.

La lecture de son bilan nous montre que son endettement est *sous contrôle* et que ses dépenses en capital, même si elles sont importantes pour son expansion, sont quand même réalistes. Son état des résultats nous indique que l'an dernier elle a réalisé des profits de 650 M$. Sa croissance des bénéfices a été de 14 % au cours des 5 dernières années.

Afin d'utiliser le modèle d'actualisation des *cash flow*, nous avons besoin de répondre à ces quatre questions :

1 - Quels sont les *cash flow* du « propriétaire[57] » ?

Nous avons vu que ses profits sont de 650 M$. À cela nous ajouterons son amortissement de 35 M$ (ce n'est pas une sortie d'argent) et nous retrancherons ses dépenses en capital de 45 M$ (qui sont une sorte de capitaux, comme nous l'avons déjà vu). Le résultat net est donc 640 M$.

2 - Combien loin dans le futur est-ce que je veux projeter ?

Quand vient le temps de projeter les résultats d'une compagnie, il est difficile de le faire à court terme. Imaginez alors sur de très longues périodes ! Hagstrom nous invite à utiliser trois périodes : cinq, sept et dix ans.

3 - Quel taux de croissance veux-je utiliser ?

Formid Ablaction inc. a connu d'excellents résultats au cours des dernières années, mais réussira-t-elle les mêmes exploits à l'avenir ? Nous pouvons donc y aller avec trois taux de croissance anticipée : pessimiste, réaliste et optimiste. Dans ce cas-ci, nous serions à l'aise d'y aller avec 8, 10 et 12 %. De plus, le modèle créé par Hagstrom intègre un deuxième stade de croissance : après les premières années, il est fort probable que la compagnie revienne à une croissance plus modérée. C'est ce qui arrive souvent, comme nous l'avons vu avec Google. Le deuxième stade de la croissance sera donc de 5 % pour notre exemple.

4 - À quel taux d'intérêt vais-je actualiser les *cash flow* ?

Le taux à long terme des bons du Trésor est habituellement un bon point de départ. Par contre, les intérêts sont tellement bas actuellement que ce chiffre pourrait être trompeur. C'est à ce moment que le principe de « marge de sécurité » de Benjamin Graham entre en ligne de compte. En effet, plus le taux d'actualisation sera élevé, plus la valeur intrinsèque sera basse. Vous vous trouverez donc à inclure dans le prix que vous désirez payer une marge de sécurité supplémentaire. Pour notre exemple, nous utiliserons 10 %. Buffett a souvent utilisé 15 % par le passé.

Le résultat obtenu sera la valeur intrinsèque totale de la compagnie. Si Buffett désirait acheter une compagnie, il déciderait si oui ou non il fait un chèque. Étant donné que vous et moi ne serons pas dans cette situation, il suffit de diviser le total obtenu par le nombre d'actions en circulation. Dans ce cas-ci, le nombre d'actions de la compagnie est de 300 M.

Analysons maintenant les résultats.

Tableau 30 – Période choisie : 5 ans

Taux de croissance des bénéfices – Stade 1	Taux de croissance des bénéfices – Stade 2	Taux d'actualisation des *cash flow*	Valeur intrinsèque par action
8 %	5 %	10 %	50,95 $
10 %	5 %	10 %	55,44 $
12 %	5 %	10 %	60,27 $

Tableau 31 – Période choisie : 7 ans

Taux de croissance des bénéfices – Stade 1	Taux de croissance des bénéfices – Stade 2	Taux d'actualisation des *cash flow*	Valeur intrinsèque par action
8 %	5 %	10 %	53,25 $
10 %	5 %	10 %	59,27 $
12 %	5 %	10 %	66,90 $

Tableau 32 – Période choisie : 10 ans

Taux de croissance des bénéfices – Stade 1	Taux de croissance des bénéfices – Stade 2	Taux d'actualisation des *cash flow*	Valeur intrinsèque par action
8 %	5 %	10 %	56,56 $
10 %	5 %	10 %	66,09 $
12 %	5 %	10 %	77,22 $

Nous obtenons donc 9 résultats dont les valeurs varient de 50,95 $ (5 ans-8 %) à 77,22 $ (10 ans-12 %). La moyenne de ces 9 résultats est de 60,70 $. Donc, si notre modèle fonctionne et si nos prévisions sont un tant soit peu exactes ou près d'une potentielle réalité, j'aurais certainement un signal d'achat si l'action *se transige* sous les 50 $ en ce moment. Par le même constat, je ne serais assurément pas acheteur si celles-ci *se transigeaient* au-delà de 77 $.

La difficulté est de bien prévoir les taux de croissance futurs, de là tout le temps que nous avons consacré aux BPA stables et à la hausse et à l'étude de compagnies qui ont un avantage compétitif de type douve.

Vous comprendrez également que lorsque des situations particulières surviennent et que l'une ou l'autre des compagnies que vous avez déjà analysées se retrouve en « solde » temporairement à cause de craintes généralisées sur le marché, le prix devient alors beaucoup plus *attractif*.

L'HISTOIRE D'AMERICAN EXPRESS

En 1963, la compagnie American Express a fait l'objet d'un large scandale[58]. En effet, la compagnie s'est retrouvée parmi les plus importants prêteurs dans une vaste fraude. Anthony « Tino » De Angelis[59] avait découvert qu'il pouvait emprunter sur des *inventaires* d'huile végétale. Afin de s'assurer que tout était en règle, American Express a même envoyé des inspecteurs afin de s'assurer que les stocks d'huile étaient bel et bien disponibles. De Angelis, sachant que l'huile est plus légère que l'eau, a fait remplir ses réservoirs d'eau… avec un peu d'huile sur le dessus. De plus, les réservoirs étaient connectés entre eux et ils n'avaient qu'à déverser l'huile d'un réservoir à l'autre afin de créer la parfaite illusion. Si American Express avait fait ses devoirs, elle aurait réalisé que les stocks d'huile de De Angelis étaient plus grands que ceux des États-Unis au grand complet, tel que rapporté par le département de l'agriculture.

Lorsque le scandale a éclaté et que la compagnie American Express s'est retrouvée sous les feux de la rampe en tant que principal prêteur (58 M$), l'action de la compagnie a entamé une chute, passant de 65 $ en octobre 1963 à 37 $ en janvier 1964.

Warren Buffett connaissait bien American Express et suivait la compagnie depuis longtemps. Lorsque ces événements sont survenus, Buffett raconte qu'il s'est installé au comptoir de quelques restaurants et qu'il a observé les gens payer en sortant leur carte de crédit. La carte American Express était encore largement utilisée par tout un chacun.

De plus, il s'est rendu à différentes banques de son voisinage afin de s'informer de la vente de chèques de voyages American Express, très populaires dans ces années-là. Les banques visitées n'avaient observé aucun changement.

L'impact de cette nouvelle ne semblait pas avoir nui à la marque d'American Express. Connaissant la valeur intrinsèque de la compagnie et sa capacité de générer des profits dans le futur, il décida alors de frapper un grand coup : il investit 13 M$ ou l'équivalent de 25 % de la fortune qu'il gérait alors grâce à son *partnership*.

Le résultat ? Deux années plus tard, les actions d'American Express avaient triplé, *se transigeant* à plus de 110 $, et Buffett ainsi que ses partenaires ont fait un profit de 20 M$[60].

CHAPITRE QUATORZE

LA ZONE DE SUCCÈS DE L'INVESTISSEUR

«Notre but est de découvrir des compagnies extraordinaires à des prix ordinaires et non des compagnies ordinaires à des prix extraordinaires.»

– Warren Buffett

En 1941, Ted Williams est devenu le premier joueur de baseball des ligues majeures à maintenir une moyenne de .400 pour une saison entière (.406). La patience légendaire de Williams lui a valu 2 021 buts sur balle et un pourcentage de présence sur les sentiers de .482 en carrière. Exceptionnel. Sa puissance (521 coups de circuit), sa patience (il a reçu plus de buts sur balle qui quiconque à ce jour) ainsi que son contrôle (.344 de moyenne à vie) font de lui un joueur comme il n'y en a plus jamais eu.

Sa contribution au sport a été de réduire l'art de frapper à une histoire de statistiques. *The Science of Hitting*[61] («la science de frapper», en référence au baseball, bien sûr), a retenu l'attention de Warren Buffett. Williams avait, mentalement, divisé la zone des prises en 77 minizones[62], ayant chacune une probabilité de réussite. Williams savait que si la balle était lancée dans sa zone de haute performance, il pouvait s'élancer de toutes ses forces et ainsi être certain qu'à la longue, il maintiendrait sa moyenne et obtiendrait des résultats spectaculaires.

Buffett a pris cet exemple et l'a appliqué à sa façon d'investir. À la différence, dit-il, que sur le plan de l'investissement, il n'y a pas de compte des prises, alors vous pouvez laisser passer ce que le marché vous « lance » sans risquer d'être « retiré sur trois prises » ! Buffett utilise souvent cette analogie. Il dira que la clé de son succès a été de savoir dire non. Souvent. Ce n'est pas facile de dire non. Il faut connaître sa zone, la zone de compétences dans laquelle on est à l'aise. Le graphique que vous voyez ci-après est inspiré de celui qu'a dessiné Timothy Vick dans son livre *How to Pick Stocks Like Warren Buffett*[63]. Je l'ai trouvé génial, et c'est la première fois que je voyais un auteur créer une image visuelle de ce concept de baseball appliqué à la finance.

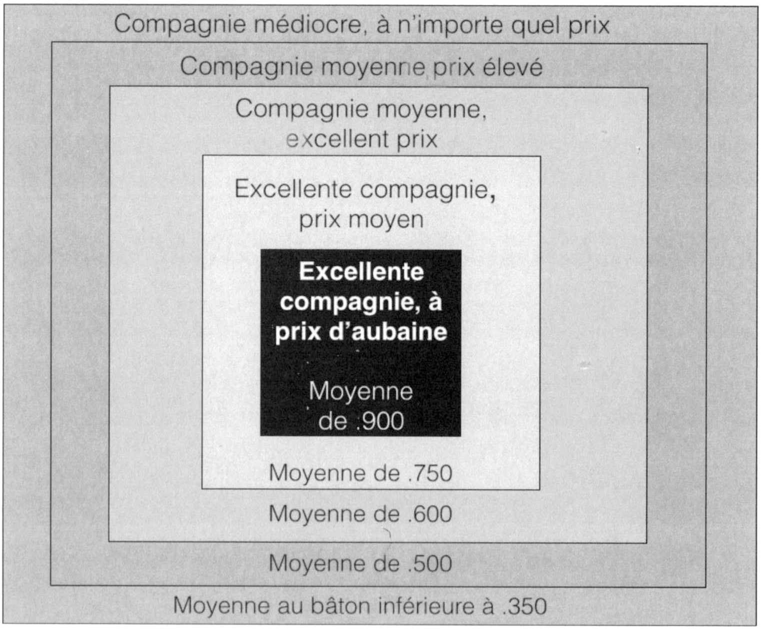

Graphique 5 – Zone de succès de l'investisseur

La zone centrale, celle où l'investisseur sera le plus efficace, et sécuritaire sera lorsqu'il aura la possibilité d'investir dans une excellente compagnie, une compagnie qui répond favorablement à tous les critères que nous voyons depuis le début, et ce, à un prix d'aubaine. Ce genre d'occasion est rare, mais lorsqu'elle se présente, l'investisseur intelligent saura miser gros sur elle ou, comme Ted Williams le disait, « s'élancer de toutes ses forces ».

La deuxième zone concerne toujours une excellente compagnie à acquérir, mais cette fois-ci, à un prix juste, pas à un prix d'aubaine. La zone suivante sera une bonne compagnie, dont le prix est une aubaine. Ce n'est pas aussi bon qu'une excellente compagnie à prix d'aubaine, mais c'est quand même un pas dans la bonne direction.

La pire zone, on s'en doute, sera l'acquisition d'une compagnie médiocre n'ayant pas d'avantage compétitif et dont les ratios ou les réponses aux questions précédentes sont nébuleuses et son avenir, incertain, et de payer trop cher pour pas grand-chose en retour. Les exemples d'horreurs de ce genre sont nombreux.

QUESTIONS NON FINANCIÈRES

> « J'essaie d'acheter les actions d'entreprises si merveilleuses qu'un idiot pourrait les gérer. Parce que tôt ou tard, cela arrivera. »
>
> – Warren Buffett

Nous venons de voir des indicateurs financiers importants dans la prise de décision du choix d'une compagnie dans laquelle investir. Ci-après, vous trouverez une série de questions que Fisher et Buffett se posent également avant d'investir leur argent, et celui de leurs partenaires, dans une entreprise. Il s'agit d'une série de questions de nature **autre** que purement financière. Ces questions aident à déterminer si l'on a affaire à une compagnie médiocre, ordinaire ou au-dessus de la moyenne. Elles sont tirées du livre de Philip Fisher, *Actions ordinaires et profits extraordinaires*.

Il s'agit d'un classique dans le genre et, à sa lecture, on peut se rendre compte pourquoi monsieur Fisher était un investisseur si aguerri et avec qui Buffett a beaucoup aimé discuter. Monsieur Fisher posait beaucoup de questions ! Avant d'entreprendre la lecture de ces quinze questions, pensez à une compagnie que vous aimez bien, et peut-être possédez-vous déjà des actions de cette compagnie ou peut-être aimeriez-vous en acquérir. Pensez à cette compagnie et tentez de répondre à ces questions :

1) Les produits ou les services de la compagnie ont-ils un **marché potentiel** suffisamment important pour lui procurer une croissance de ses ventes pendant encore plusieurs années ?

2) La compagnie possède-t-elle de bonnes **marges** de profit ? Sont-elles stables ou en croissance ?

3) Quelles sont les actions que la compagnie entreprend afin de **maintenir** ou d'**augmenter** ses **marges** de profit ?

4) La compagnie doit-elle **émettre** régulièrement des **actions** afin de **financer** sa croissance ? Si oui, le nombre croissant d'actions viendra contrecarrer les bénéfices des actionnaires existants.

5) L'**équipe de direction** est-elle **déterminée** à continuer de développer de nouveaux produits ou procédés qui procureront de la croissance alors que les produits actuels ont atteint une certaine maturité dans ses ventes ?

6) Quelle est l'**efficacité** de l'**équipe de recherche et développement** de la compagnie en comparaison de sa grosseur ?

7) La compagnie possède-t-elle une **équipe de vente** au-dessus de la moyenne de son industrie ?

8) La compagnie entretient-elle de bonnes ou **d'excellentes relations** de travail avec ses **employés** ?

9) La compagnie entretient-elle de bonnes ou **d'excellentes relations** avec ses **dirigeants** ?

10) La compagnie a-t-elle de la **relève** parmi ses **gestionnaires** ?

11) La compagnie possède-t-elle un bon **système comptable** et d'analyse de ses coûts ?

12) D'autres aspects de l'entreprise, particuliers à son industrie, pourraient-ils donner de bons indices sur son **excellence** dans certains **domaines par rapport à sa compétition** ?

13) La compagnie est-elle concentrée sur les profits à **court terme** (d'un trimestre à l'autre) ou est-elle plutôt concentrée sur le **long terme** ?

14) Est-ce que les dirigeants **communiquent** clairement avec les investisseurs quand les affaires vont bien, mais se réfugient dans « pas de commentaires » et se cachent quand les mauvaises nouvelles ou les désappointements surviennent ?

15) L'équipe de direction est-elle d'une **intégrité** irréprochable ?

L'investisseur qui peut répondre avec satisfaction à toutes ces questions a fait un travail colossal, et il peut bien dormir la nuit ! On peut également affirmer que peu de compagnies se mesurent avec satisfaction à toutes ces interrogations. Mais voilà l'essence de l'investissement de style valeur : poser des questions, aller en profondeur, investir dans une compagnie et non dans des actions…

CHAPITRE QUINZE

L'APPROCHE *FOCUS INVESTING*

« La diversification est pour ceux qui ne savent pas ce qu'ils font. »

– Warren Buffett

Au cours des derniers chapitres, notre attention était concentrée sur le choix d'entreprises individuelles. Quels sont les meilleurs critères afin de choisir les meilleures compagnies et d'éviter les pires ? Mais toutes ces analyses ne concernaient que l'achat de compagnies individuelles.

Maintenant, nous porterons notre attention sur l'aspect **portefeuille** de la gestion. Dans l'expression *Focus Investing*, le mot *Focus* est utilisé dans le sens d'un portefeuille « concentré » sur un nombre restreint de titres comparativement à certaines approches dans lesquelles les portefeuilles sont répartis au travers de centaines de compagnies différentes. Les fonds indiciels et diversifiés viennent à l'esprit.

Lorsqu'un investisseur comme Buffett ou l'un de ses acolytes prennent le temps de choisir des compagnies, de les étudier et d'« investir », ils ont un but en tête : faire mieux que l'indice de référence américain, le S&P 500. Au Canada, les gestionnaires visent à battre le S&P/TSX. Sinon, pourquoi perdre son temps et son argent ? Si le simple suivi de l'indice donne un rendement adéquat, moyen, aucune raison de dépenser des salaires, des énergies et du temps de ressources humaines. Il suffit d'investir dans un fonds indiciel, à très faible frais de gestion, et le tour est joué.

D'ailleurs, après avoir dit que la diversification est pour ceux qui ne savent pas ce qu'ils font, Buffett ajoute que la plupart des investisseurs seraient mieux avisés s'ils investissaient simplement dans un fonds indiciel qui calque le S&P 500. Ils feraient beaucoup mieux que la très grande majorité des gestionnaires de portefeuilles de fonds américains. Dans sa lettre aux actionnaires[64] de 2013, il donne même ses conseils à ceux qui s'occuperont de son argent après sa mort. Il leur demande de mettre 10 % de l'argent dans des obligations à court terme du gouvernement et les 90 % restants dans un fonds indiciel à faibles frais (il recommande les fonds Vanguard) calquant le S&P 500.

LES SUPERINVESTISSEURS DE GRAHAM-ET-DODDSVILLE

Buffett a livré un discours, en 1984, à la suite du cinquantième anniversaire de la publication du livre *Security Analysis*[65], écrit par son mentor, Benjamin Graham. À cette occasion, il n'a pas manqué de souligner à quel point les professeurs de finance des différentes universités enseignaient la théorie des marchés efficients qui dit qu'il est impossible de faire de l'argent par le choix des actions. Tous les investisseurs ont accès à toute la même information en même temps et, à chaque moment, les actions reflètent parfaitement leurs vraies valeurs et il n'y a pas moyen, à long terme, de faire mieux que le marché.

Si un gestionnaire-investisseur réussit à faire mieux que le marché au cours d'une ou plusieurs années, ce sera certainement grâce à la chance. Il y a d'ailleurs des écoles de pensée qui « pensent » (encore) que Buffett a fait tout son argent et tout son rendement sur le fait qu'il a été chanceux.

À ces universitaires il apporte les résultats[66] de Bill Ruane (fondateur du fonds Sequoia), Walter Schloss, Charlie Munger, Lou Simpson, et plusieurs autres qu'il connaissait personnellement. Toutes ces personnes ont des statistiques publiques de leur gestion et toutes ont réussi à battre le S&P 500 sur de longues périodes. Elles ont toutes un style valeur et la très grande majorité d'entre elles sont assez ou très concentrées dans le choix de leurs titres. Comme Buffett le mentionne, si ce n'était que le fruit du hasard, il y a quelque chose de spécial pour ceux qui « habitent le "village intellectuel" de Graham-et-Doddsville », car ils réussissent de manière convaincante à faire mentir la théorie d'efficience des marchés.

LETTRE AUX ACTIONNAIRES (BERKSHIRE HATHAWAY, 1994)

Warren Buffett a abordé le sujet de la concentration de son portefeuille d'actions dans la lettre aux actionnaires[67] de 1994 : « La stratégie que nous avons adoptée va à l'encontre du dogme de la diversification comme il est enseigné. Plusieurs observateurs diront donc qu'elle est plus risquée. Nous ne sommes pas d'accord. Nous croyons qu'un portefeuille concentré peut, en réalité, diminuer le risque s'il augmente, comme il se doit, l'intensité avec laquelle l'investisseur réfléchit à propos des entreprises dans lesquelles il investit ainsi que les caractéristiques économiques qui doivent être présentes avant qu'il se décide à y mettre son argent. En affirmant cette opinion, nous utilisons la notion de risque telle qu'elle est définie dans le dictionnaire, à savoir la possibilité d'une perte ou d'une blessure. »

Buffett n'est pas d'accord avec le fait qu'être plus concentré est plus risqué. Il considère donc que la meilleure façon de diminuer le risque est de faire ses devoirs. Pour lui, le bêta ou l'écart type d'une action n'ont aucune signification ni utilité. Il ne s'explique pas le fait que si une action baisse de prix, elle est plus risquée, car son bêta ou son écart type augmente. Pour lui, le risque diminue quand le prix demandé diminue.

De son côté, notre Warren Buffett québécois, Stephen Jarislowsky[68], est sensiblement sur la même longueur d'onde : « Supposons que vous avez 200 000 $ à investir. Pour constituer un portefeuille diversifié, vous devez détenir une vingtaine de titres distincts où vous investirez environ 10 000 $. » Notez qu'il ne parle pas de 300 titres, mais de 20.

INDICE DOW JONES ET S&P 500

La première réaction, naturelle et normale, lorsque l'on se fait dire qu'il vaut mieux être concentré dans 15 ou 30 titres est la suivante : « Et le risque ? N'est-ce pas plus risqué de n'être investi que dans une poignée de titres ? »

La question est bonne et vaut la peine d'être posée. Pour faire preuve de neutralité, prenons deux indices qui ne sont pas, par leur nature, gérés. Nous prendrons deux indices de grandes capitalisations américaines, diversifiées dans les principaux secteurs de l'économie. Les deux indices mesurent les mêmes secteurs de l'économie, leur corrélation étant de +0,95.

Un indice constitué de plusieurs actions se comportera de la même manière qu'un portefeuille constitué d'actions. Il s'agit donc d'un exemple simple afin de vérifier un point essentiel : le fait d'avoir plusieurs compagnies diminue-t-il réellement la volatilité d'un portefeuille ?

Ce qui est intéressant, pour notre exemple, est que l'indice Dow Jones contient toujours trente titres. Jamais un de plus ou de moins ; le S&P 500, de son côté, contient toujours cinq cents titres. Jamais un de plus ou de moins.

A priori, si je vous disais lequel de ces deux portefeuilles boursiers comporte la plus grande volatilité, celui qui ne contient que trente titres ou celui qui en contient cinq cents, vous seriez sûrement tenté de répondre trente. Après tout, nous avons tous appris que plus nous sommes diversifiés, moins nous avons de risque de perdre. Les statistiques que nous utiliserons pour notre exemple sont les écarts types mesurés sur des périodes de trois, cinq et dix ans.

Tableau 33 – Écart type (31 août 2014), comparatifs de l'indice Dow Jones et du S&P 500

Années	Indice Dow Jones	S&P 500
3 ans	11,1 %	11,6 %
5 ans	12,2 %	13,2 %
10 ans	13,7 %	14,7 %

L'indice Dow Jones compte 470 compagnies de moins que le S&P et il affiche… une volatilité plus basse ! Donc, oui, le fait d'avoir plus de compagnies **peut** réduire le risque, mais ce n'est pas nécessairement une panacée. À partir d'un certain nombre d'actions en portefeuille, les effets de la diversification semblent moins se faire sentir. Du moins, c'est ce que cette comparaison nous permet d'apprécier. Encore une fois, ces indices sont constitués de compagnies qui n'ont pas été choisies par un gestionnaire. Certaines peuvent être excellentes et d'autres, en difficulté. Les compagnies incluses dans l'indice Dow Jones auront tendance à avoir des capitalisations plus grandes, ce qui peut, en partie, expliquer le fait qu'il soit quasi au même niveau que le S&P 500. Il n'en demeure pas moins que ça peut faire sourire… et réfléchir !

L'IMPORTANCE DE L'IMPORTANCE RELATIVE !

Supposons qu'un gestionnaire s'occupe d'un portefeuille de 100 M$. Il opte pour une approche non concentrée et il diversifie dans une centaine de compagnies différentes. Il investit donc 1 M$ par titre.

Il fait des analyses approfondies et il déniche un titre dont la croissance prévue sera supérieure aux autres. Quinze pour cent au lieu de douze. S'il a raison, au bout de cinq ans, le million en vaut deux. S'il ne s'était pas cassé la tête, et qu'il avait investi dans un titre moyen du marché, qui aurait fait une moyenne de 12 %, le 1 M$, 5 ans plus tard, vaudrait 1,76 M$. Une différence de 240 000 $. Sur un actif de 100 M$, cela représente 0,24 % pour 5 ans.

Si l'on répartit 0,24 % sur 5 ans, cela fait moins de 0,05 % par année de différence pour le portefeuille total. Il a pourtant choisi un titre qui a mieux fait que le marché de 3 % par année ! Mais, l'impact n'est pas important, car il n'a investi que 1 % du portefeuille dans le titre. Si ce gestionnaire est si bon, direz-vous, il n'a qu'à dénicher 99 autres compagnies qui feront mieux que le marché de 3 %, et bingo !, le fonds performera de façon spectaculaire !

D'après vous, est-ce possible de dénicher cent compagnies qui performeront de façon supérieure ? Ou est-ce plus facile si l'on se limite à une poignée de compagnies en sachant que la variabilité ne sera influencée que d'un maigre 1 % ?

12 000 PORTEFEUILLES

Dans son deuxième livre sur Buffett, *The Warren Buffett Portfolio*[69], Robert Hagstrom a réalisé une étude statistique… qui m'a troublé ! Il a voulu isoler une seule variable : le nombre de titres en portefeuille et leur effet sur la possibilité de faire mieux, ou pire, que l'indice de référence S&P 500.

Lui et son équipe auraient bien aimé faire l'étude des gestionnaires qui utilisent la méthode du *Focus Investing*, mais leur nombre étant trop restreint, les résultats obtenus n'auraient pas été vraiment significatifs.

Il a donc décidé de créer des portefeuilles fictifs et assemblés de façon aléatoire grâce à un puissant ordinateur. Les portefeuilles ont été construits à partir des 500 titres inclus dans le S&P 500 plus 700 autres compagnies dont les données financières (revenus, bénéfice net, RAA, etc.) étaient facilement disponibles, pour un total de 1 200 titres.

Quatre catégories de portefeuilles ont été créées : 250 titres, 100 titres, 50 titres et 15 titres. Pour les portefeuilles de 250 titres, le modèle investissait 0,4 % (1/250) dans chaque titre choisi aléatoirement. Pour les portefeuilles de 100 titres, le modèle investissait 1 % (1/100) dans chaque titre. Pour le modèle de 50 titres, 2 % (1/50). Pour le modèle de 15 titres, 6,7 % (1/15). Le modèle à 15 titres était donc 16 fois plus concentré que celui de 250 titres (6,7 %/titre par rapport à 0,4 %/titre).

Afin d'obtenir des résultats significatifs, 3 000 portefeuilles ont été assemblés dans chacune des 4 catégories pour un total de 12 000 portefeuilles. Les rendements ont été calculés sur 10 ans, de 1987 à 1996.

Tableau 34 – Rendement des portefeuilles selon leur nombre de titres

NOMBRE DE TITRES	MEILLEUR RENDEMENT	PIRE RENDEMENT	NOMBRE DE PORTEFEUILLES AYANT FAIT MIEUX QUE LE S&P 500
250	16 %	11 %	63
100	18 %	10 %	337
50	19 %	9 %	549
15	26 %	4 %	**808**

Les 12 000 portefeuilles ont été assemblés au hasard. Il n'y a pas eu de choix de titres. Les résultats devraient être aléatoires. Pourtant, lorsque le nombre de titres en portefeuille diminue, les chances de faire mieux que l'indice de référence, purement mathématiques et statistiques, augmentent de façon importante : s'il y a 250 titres en portefeuille, les chances sont de 63 sur 3 000, soit 2,1 %. S'il n'y a que 15 titres en portefeuille, les chances sont de 808 sur 3 000, soit près de 27 %. C'est 13 fois plus. C'est énorme comme différence. Détenir moins de titres en portefeuille augmente de façon importante la probabilité de faire mieux que l'indice de référence. Si l'objectif d'un gestionnaire est de battre son indice, ce simple fait lui donne une longueur d'avance. Si l'on ne veut pas courir un risque et si l'on veut éviter les trop grands écarts, on ajoute un plus grand nombre de titres et on suit la moyenne.

Remarquez les rendements les plus faibles obtenus : 11 % pour 250 titres et 4 % pour 15 titres. C'est là où le bât blesse. La crainte de sous-performer empêchera certains d'utiliser cette méthode. Par contre, si un investisseur fait ses devoirs, investit dans des compagnies et non dans des actions, affiche de la patience et est capable de vivre avec des périodes plus difficiles, alors le style *Focus Investing* est un concept qui l'aidera à dépasser le rendement moyen.

ET LES FCP ?

La compagnie de notation de fonds communs Morningstar a réalisé deux études en regard de la concentration en ce qui concerne les FCP. La première étude concernait les FCP et leur cote étoile Morningstar[70] : « [...] selon Morningstar, les FCP d'actions canadiennes cotés "5 étoiles" détiennent en moyenne 84 titres. Les FCP cotés "4 étoiles" détiennent en moyenne 157 titres. Quant aux FCP cotés "3 étoiles", ils détiennent en moyenne 308 titres. Il semble que moins un FCP a de titres dans son portefeuille, meilleure est sa performance. » Les détails ne sont pas révélés, à savoir s'il s'agissait de FCP avec un style valeur ou un style croissance.

La deuxième étude de Morningstar tentait de répondre à la question « Quelle est la quantité de FCP nécessaire pour détenir un portefeuille assez diversifié ? ». Afin de le découvrir, Morningstar a créé des portefeuilles fictifs (le même principe que l'étude de Hagstrom) qui renfermaient d'un à trente FCP. Elle a fait toutes les permutations possibles de FCP.

Ensuite, l'entreprise a calculé les écarts types sur cinq ans pour chacun des portefeuilles. Bien sûr, elle a découvert que les portefeuilles ne comprenant qu'un seul FCP présentaient un écart type le plus élevé et qu'ils affichaient soit des gains considérables ou des pertes lourdes. En ajoutant un FCP au portefeuille fictif, l'écart type diminuait considérablement.

« À partir de sept FCP, toutefois, l'écart type d'un portefeuille demeure pratiquement le même, peu importe la quantité de FCP que vous ajoutez. En d'autres mots, dès que vous détenez sept FCP, vous pouvez vous limiter à ce nombre. »

« Détenir des actions, c'est un peu comme avoir des enfants – ne vous aventurez pas avec plus que vous ne pouvez gérer. L'investisseur amateur a probablement letemps de suivre huit à douze compagnies. Vous n'avez pas besoin d'avoirplus de cinq compagnies dans votre portefeuille à un moment donné[71]. »

– Peter Lynch

TOP 5 DES ACTIONS (BERKSHIRE HATHAWAY, 2000-2013)

Buffett continue-t-il à maintenir sa politique de *Focus Investing* malgré le fait que sa compagnie a plus que triplé ses investissements boursiers, ceux-ci passant de 37,6 G$ en 2000 à 117 G$ en 2013 ?

Son *top* 5 est passé, quant à lui, de 28 G$ en 2000 à 69 G$ en 2013. J'ai inclus tous les *top* 5 de 2000 à 2013. Ils ont été extraits des rapports annuels de Berkshire pour chacune des années mentionnées.

Wells Fargo et Coca-Cola sont les deux seules compagnies à être présentes tout au long de cette période. American Express a été présente pendant toute la période, sauf en 2008, où la baisse importante de son action la fit rétrograder au classement.

Gillette, quant à elle, acquise par Proctor & Gamble en 2005, fut présente dans le *top* 5 de 2000 à 2011. Elle représente toujours une position importante du portefeuille, mais ne figure plus en tête de liste.

En 2011, on remarque une entrée fracassante d'un nouveau venu : IBM. Avec un coût de 11,7 G$ et une valorisation de près de 14 G$, Buffett a frappé un grand coup lorsqu'il a finalement décidé de mettre le pied dans les technologies.

Pour l'ensemble de cette période, son portefeuille est demeuré concentré. Son *top* 5 de 2013 est à 59 % et son « *top* 15 » à 83 %. Le *top* 15 est entre guillemets, car, seulement à partir de 2013, Buffett a décidé d'inclure un nombre fixe de titres dans son rapport annuel. Antérieurement, il fixait un montant comme 700 M$ ou 1 G$ pour que les titres soient

« itémisés[X] » dans le rapport. C'est la raison pour laquelle vous verrez « *top* 8 » ou « *top* 17 ». Pour les années à venir, il sera plus consistant à ce niveau.

Malgré le fait qu'il soit un peu moins concentré aujourd'hui (*top* 15 à 83 %) qu'il ne l'était en 2001 (*top* 7 à 80 %), il n'en demeure pas moins qu'il utilise encore le style *Focus Investing*.

Tableau 35 – *Top* 5 d'actions en portefeuille à la fin 2013

COMPAGNIE	NOMBRE D'ACTIONS	COÛT ('000)	VALEUR ('000)
WELLS FARGO	483 470 853	11 871 000 $	21 950 000 $
COCA-COLA	400 000 000	1 299 000 $	16 524 000 $
AMERICAN EXPRESS	151 610 700	1 287 000 $	13 756 000 $
IBM	68 121 984	11 681 000 $	12 778 000 $
WAL-MART STORES	56 805 984	2 986 000 $	4 470 000 $

Valeur totale des 5 premiers titres : **69 478 000 000 $**
Valeur totale du portefeuille boursier : **117 505 000 000 $**
Pourcentage de concentration dans le *top* 5 : **59 %**
Pourcentage de concentration dans le *top* 15 : **83 %**

Tableau 36 – *Top* 5 d'actions en portefeuille à la fin 2012

COMPAGNIE	NOMBRE D'ACTIONS	COÛT ('000)	VALEUR ('000)
WELLS FARGO	456 170 061	10 906 000 $	15 592 000 $
COCA-COLA	400 000 000	1 299 000 $	14 500 000 $
IBM	68 115 484	11 681 000 $	13 048 000 $
AMERICAN EXPRESS	151 610 700	1 287 000 $	8 715 000 $
WAL-MART STORES	54 823 433	2 837 000 $	3 741 000 $

X. Cela signifie qu'ils sont indiqués individuellement dans le rapport annuel et non seulement rapportés sous « autre titres boursiers ».

Valeur totale des 5 premiers titres : **55 596 000 000 $**
Valeur totale du portefeuille boursier : **87 662 000 000** $
Pourcentage de concentration dans le *top* 5 : **63 %**
Pourcentage de concentration dans le *top* 15 : **87 %**

Tableau 37 – *Top 5* d'actions en portefeuille à la fin 2011

COMPAGNIE	NOMBRE D'ACTIONS	COÛT ('000)	VALEUR ('000)
COCA-COLA	200 000 000	1 299 000 $	13 994 000 $
IBM	63 905 931	10 856 000 $	11 751 000 $
WELLS FARGO	400 015 028	9 086 000 $	11 024 000 $
AMERICAN EXPRESS	151 610 700	1 287 000 $	7 151 000 $
PROCTOR & GAMBLE	72 391 036	464 000 $	4 829 000 $

Valeur totale des 5 premiers titres : **48 749 000 000 $**
Valeur totale du portefeuille boursier : **76 991 000 000 $**
Pourcentage de concentration dans le *top* 5 : **63 %**
Pourcentage de concentration dans le *top* 14 : **88 %**

Tableau 38 – *Top* 5 d'actions en portefeuille à la fin 2010

COMPAGNIE	NOMBRE D'ACTIONS	COÛT ('000)	VALEUR ('000)
COCA-COLA	200 000 000	1 299 000 $	13 154 000 $
WELLS FARGO	358 936 125	8 015 000 $	11 123 000 $
AMERICAN EXPRESS	151 610 700	1 287 000 $	6 507 000 $
PROCTOR & GAMBLE	72 391 036	464 000 $	4 657 000 $
KRAFT FOODS	97 214 584	3 207 000 $	3 063 000 $

Valeur totale des 5 premiers titres : **38 504 000 000 $**
Valeur totale du portefeuille boursier : **61 513 000 000** $
Pourcentage de concentration dans le *top* 5 : **63 %**
Pourcentage de concentration dans le *top* 14 : **92 %**

Tableau 39 – *Top* 5 d'actions en portefeuille à la fin 2009

COMPAGNIE	NOMBRE D'ACTIONS	COÛT ('000)	VALEUR ('000)
COCA-COLA	200 000 000	1 299 000 $	11 400 000 $
WELLS FARGO	334 235 585	7 394 000 $	9 021 000 $
AMERICAN EXPRESS	151 610 700	1 287 000 $	6 143 000 $
PROCTOR & GAMBLE	83 128 411	533 000 $	5 040 000 $
KRAFT FOODS	130 272 500	4 330 000 $	3 541 000 $

Valeur totale des 5 premiers titres : **35 145 000 000 $**
Valeur totale du portefeuille boursier : **59 034 000 000 $**
Pourcentage de concentration dans le *top* 5 : **59 %**
Pourcentage de concentration dans le *top* 13 : **85 %**

Tableau 40 – *Top* 5 d'actions en portefeuille à la fin 2008

COMPAGNIE	NOMBRE D'ACTIONS	COÛT ('000)	VALEUR ('000)
COCA-COLA	200 000 000	1 299 000 $	9 054 000 $
WELLS FARGO	304 392 068	6 702 000 $	8 973 000 $
PROCTOR & GAMBLE	91 941 010	643 000 $	5 684 000 $
CONOCOPHILLIPS	84 896 273	7 008 000 $	4 398 000 $
KRAFT FOODS	130 272 500	4 330 000 $	3 498 000 $

Valeur totale des 5 premiers titres : **31 607 000 000 $**
Valeur totale du portefeuille boursier : **49 073 000 000 $**
Pourcentage de concentration dans le *top* 5 : **64 %**
Pourcentage de concentration dans le *top* 14 : **90 %**

Tableau 41 – *Top* 5 d'actions en portefeuille à la fin 2007

COMPAGNIE	NOMBRE D'ACTIONS	COÛT ('000)	VALEUR ('000)
COCA-COLA	200 000 000	1 299 000 $	12 274 000 $
WELLS FARGO	303 407 068	6 677 000 $	9 160 000 $
AMERICAN EXPRESS	151 610 700	1 287 000 $	7 887 000 $
PROCTOR & GAMBLE	101 472 000	1 030 000 $	7 450 000 $
BNSF	60 828 818	4 731 000 $	5 063 000 $

Valeur totale des 5 premiers titres : **41 834 000 000 $**
Valeur totale du portefeuille boursier : **74 999 000 000 $**
Pourcentage de concentration dans le *top* 5 : **56 %**
Pourcentage de concentration dans le *top* 18 : **90 %**

Tableau 42 – *Top* 5 d'actions en portefeuille à la fin 2006

COMPAGNIE	NOMBRE ACTIONS	COÛT ('000)	VALEUR ('000)
COCA-COLA	200 000 000	1 299 000 $	9 650 000 $
AMERICAN EXPRESS	151 610 700	1 287 000 $	9 198 000 $
WELLS FARGO	218 169 300	3 697 000 $	7 758 000 $
PROCTOR & GAMBLE	100 000 000	940 000 $	6 427 000 $
MOODY'S CORPORATION	48 000 000	499 000 $	3 315 000 $

Valeur totale des 5 premiers titres : **36 348 000 000 $**
Valeur totale du portefeuille boursier : **61 533 000 000** $
Pourcentage de concentration dans le *top* 5 : **59 %**
Pourcentage de concentration dans le *top* 17 : **86 %**

Tableau 43 – *Top* 5 d'actions en portefeuille à la fin 2005

COMPAGNIE	NOMBRE ACTIONS	COÛT ('000)	VALEUR ('000)
COCA-COLA	200 000 000	1 299 000 $	8 062 000 $
AMERICAN EXPRESS	151 610 700	1 287 000 $	7 802 000 $
WELLS FARGO	95 092 200	2 754 000 $	5 975 000 $
PROCTOR & GAMBLE	100 000 000	940 000 $	5 788 000 $
MOODY'S CORPORATION	48 000 000	499 000 $	2 948 000 $

Valeur totale des 5 premiers titres : **30 575 000 000 $**
Valeur totale du portefeuille boursier : **46 721 000 000 $**
Pourcentage de concentration dans le *top* 5 : **65 %**
Pourcentage de concentration dans le *top* 12 : **85 %**

Tableau 44 – *Top* 5 d'actions en portefeuille à la fin 2004

COMPAGNIE	NOMBRE ACTIONS	COÛT ('000)	VALEUR ('000)
AMERICAN EXPRESS	151 610 700	1 470 000 $	8 546 000 $
COCA-COLA	200 000 000	1 299 000 $	8 328 000 $
THE GILLETTE COMPANY	96 000 000	600 000 $	4 299 000 $
WELLS FARGO	53 265 080	463 000 $	3 508 000 $
MOODY'S CORPORATION	24 000 000	499 000 $	2 084 000 $

Valeur totale des 5 premiers titres : **26 765 000 000 $**
Valeur totale du portefeuille boursier : **37 717 000 000 $**
Pourcentage de concentration dans le *top* 5 : **71 %**
Pourcentage de concentration dans le *top* 10 : **86 %**

Tableau 45 – *Top* 5 d'actions en portefeuille à la fin 2003

COMPAGNIE	NOMBRE ACTIONS	COÛT ('000)	VALEUR ('000)
COCA-COLA	200 000 000	1 299 000 $	10 150 000 $
AMERICAN EXPRESS	151 610 700	1 470 000 $	7 312 000 $
THE GILLETTE COMPANY	96 000 000	600 000 $	3 526 000 $
WELLS FARGO	53 265 080	463 000 $	3 324 000 $
MOODY'S CORPORATION	24 000 000	499 000 $	1 453 000 $

Valeur totale des 5 premiers titres : **25 765 000 000 $**
Valeur totale du portefeuille boursier : **35 287 000 000 $**
Pourcentage de concentration dans le *top* 5 : **73 %**
Pourcentage de concentration dans le *top* 10 : **87 %**

Tableau 46 – *Top* 5 d'actions en portefeuille à la fin 2002

COMPAGNIE	NOMBRE ACTIONS	COÛT ('000)	VALEUR ('000)
COCA-COLA	200 000 000	1 299 000 $	8 768 000 $
AMERICAN EXPRESS	151 610 700	1 470 000 $	5 359 000 $
WELLS FARGO	53 265 080	306 000 $	2 497 000 $
THE GILLETTE COMPANY	96 000 000	600 000 $	2 915 000 $
MOODY'S CORPORATION	24 000 000	499 000 $	991 000 $

Valeur totale des 5 premiers titres : **20 530 000 000 $**
Valeur totale du portefeuille boursier : **28 363 000 000 $**
Pourcentage de concentration dans le *top* 5 : **72 %**
Pourcentage de concentration dans le *top* 8 : **81 %**

Tableau 47 – *Top* 5 d'actions en portefeuille à la fin 2001

COMPAGNIE	NOMBRE ACTIONS	COÛT ('000)	VALEUR ('000)
COCA-COLA	200 000 000	1 299 000 $	9 430 000 $
AMERICAN EXPRESS	151 610 700	1 470 000 $	5 410 000 $
THE GILLETTE COMPANY	96 000 000	600 000 $	3 206 000 $
WELLS FARGO	53 265 080	306 000 $	2 315 000 $
MOODY'S CORPORATION	24 000 000	499 000 $	957 000 $

Valeur totale des 5 premiers titres : **21 318 000 000 $**
Valeur totale du portefeuille boursier : **28 675 000 000 $**
Pourcentage de concentration dans le *top* 5 : **74 %**
Pourcentage de concentration dans le *top* 7 : **80 %**

Tableau 48 – *Top* 5 d'actions en portefeuille à la fin 2000

COMPAGNIE	NOMBRE ACTIONS	COÛT ('000)	VALEUR ('000)
COCA-COLA	200 000 000	1 299 000 $	12 188 000 $
AMERICAN EXPRESS	151 610 700	1 470 000 $	8 329 000 $
THE GILLETTE COMPANY	96 000 000	600 000 $	3 468 000 $
WELLS FARGO	55 071 380	319 000 $	3 067 000 $
THE WASHINGTON POST	1 727 765	11 000 $	1 066 000 $

Valeur totale des 5 premiers titres : **28 118 000 000** $
Valeur totale du portefeuille boursier : **37 619 000 000 $**
Pourcentage de concentration dans le *top* 5 : **75 %**

Pas de pourcentage de concentration autre, car seulement 5 titres déclarés cette année-là.

LE CAS DE WELLS FARGO

Depuis 2000, et même avant, l'action de Wells Fargo a systématiquement figuré dans le *top* 5 de Buffett. La grande différence entre la présence de Wells Fargo et de Coca-Cola est ce qui s'est passé depuis 2004. Depuis son achat de 1989, Buffett n'a jamais racheté d'actions de Coca-Cola. Sa participation s'est accrue, du fait du programme de rachats d'actions de la société, mais lui ou sa compagnie Berkshire Hathaway n'ont jamais réinvesti de fonds dans Coca-Cola.

En ce qui concerne Wells Fargo, l'histoire est différente. En effet, jusqu'à 2004, Buffett avait investi 463 M$ dans Wells Fargo pour une valeur au marché de 3,5 G$. Puis, sans tambour ni trompette, il s'est mis à acheter des actions supplémentaires sur le marché.

De 2005 à 2013, il a augmenté régulièrement ses investissements dans cette banque américaine bien connue. Comme il l'a dit souvent, lorsque vous « rencontrez » une compagnie que vous comprenez et que vous aimez, à un prix qui vous convient, vous devriez investir une bonne partie de votre portefeuille. Buffett a « commis » près de 12 G$ au total. Lorsque l'action de Wells Fargo *s'est transigée* sous les 10 $ en 2009 à la suite de la crise des *subprimes*[XI] aux États-Unis, il a déclaré publiquement que c'était une vraie affaire et qu'il en profitait pour faire ses emplettes personnelles !

Dans le rapport annuel de 2013, la participation dans Wells Fargo est évaluée à 21,95 G$. En septembre 2014, au moment d'écrire ces lignes, elle dépasse 23 G$. Comme Ted Williams lui a enseigné, Buffett a vu un « lancer » qu'il aimait et il s'est élancé avec force.

Morale de l'histoire ? Lorsque l'on sait ce que l'on fait, et que l'on a confiance en ses moyens, on peut se permettre d'être plus concentré. Toutes choses égales d'ailleurs, la concentration de titres permet de viser un meilleur rendement comparativement à un indice de référence. Par contre,

XI. Prêts à haut risque.

le prix à payer pour cette occasion opportune est le fait que le portefeuille concentré peut également performer beaucoup moins bien que l'indice pendant une certaine période, de là l'importance de vraiment savoir ce que l'on fait et de se tenir à l'intérieur de son cercle de compétences.

Tableau 49 – Position de Berkshire Hathaway dans Wells Fargo, 1999-2013

Année	Nombre d'actions ('000)	Coût ('000)	Variation ('000)
1999	118 273	349 000	-
2000	110 143	319 000	-30 000
2001	106 530	306 000	-13 000
2002	106 530	306 000	-
2003	112 896	463 000	+157 000
2004	112 896	463 000	-
2005	190 184	2 754 000	+2 291 000
2006	218 169	3 697 000	+943 000
2007	303 407	6 677 000	+2 980 000
2008	304 392	6 702 000	+25 000
2009	334 236	7 394 000	+692 000
2010	400 016	9 086 000	+1 692 000
2011	400 016	9 086 000	-
2012	456 170	10 906 000	+1 820 000
2013	483 471	11 871 000	+965 000

Tableau 50 – BPA, dividendes et performances boursières, Wells Fargo, 2000-2014

ANNÉE	BPA	DIVIDENDES	HAUT	BAS
2000	1,18 $	0,45 $	27,84 $	16,09 $
2001	0,99 $	0,50 $	25,75 $	19,50 $
2002	1,67 $	0,55 $	26,45 $	21,65 $
2003	1,84 $	0,75 $	29,18 $	22,67 $
2004	2,08 $	0,93 $	31,51 $	27,54 $
2005	2,28 $	1,00 $	32,17 $	29,20 $
2006	2,52 $	1,08 $	36,50 $	30,52 $
2007	2,41 $	1,18 $	37,47 $	30,09 $
2008	0,70 $	1,30 $	39,80 $	21,76 $
2009	1,76 $	0,49 $	26,78 $	8,61 $
2010	2,33 $	0,20 $	33,48 $	23,58 $
2011	2,91 $	0,48 $	33,76 $	23,51 $
2012	3,42 $	0,88 $	36,13 $	28,94 $
2013	3,93 $	1,15 $	44,45 $	34,94 $
2014	4,05 $*	1,30 $	53,80 $	40,07 $

* L'année 2014 n'est pas terminée. Ce chiffre représente le BPA des 12 derniers mois au 30 septembre 2014. Si vous examinez bien ce tableau, vous remarquerez que l'année 2009 fut particulièrement éprouvante pour l'action de Wells Fargo. Il s'agissait d'une belle occasion d'achat, à un prix très bas, dans une compagnie bien établie.

CHAPITRE SEIZE

RETOUR SUR LES CITATIONS BUFFETTIENNES

Les citations sont des outils. Elles nous permettent de retenir un concept rapidement. Elles s'affichent bien sur un mur, dans notre agenda, près de notre ordinateur afin de nous rappeler de faire les bonnes choses et de ne pas faire des choses stupides ! L'une des premières citations que j'ai apprises par cœur me vient de ma mère, qui l'a reçue de mon grand-père : « Bien faire, laisser dire, toujours sourire. » En six petits mots, il a résumé une philosophie de vie. C'est ce que j'aime des citations : elles sont concises, ne demandent pas tout un livre et nous communiquent un message important. Dans ce chapitre, j'ai réuni une cinquantaine de citations. Lorsqu'il n'y a aucune indication, elles sont de Buffett, sinon je mentionne l'auteur à la fin. J'ai pensé les regrouper par thème afin de faciliter leur lecture, leur compréhension et mes commentaires.

SIMPLICITÉ ET DÉCISION

1. « Il semble qu'il y a une caractéristique humaine perverse qui aime compliquer les choses simples. »

2. « Je veux pouvoir expliquer mes erreurs. C'est pourquoi je ne fais que des choses que je comprends. »

3. « Quand des gens intelligents expliquent leurs idées à un orang-outang, cela améliore la qualité de leur prise de décision. »

4. « Il y a toutes sortes d'entreprises que Charlie et moi ne comprenons pas, mais nous n'en perdons pas le sommeil. Cela signifie seulement que nous passons à la suivante, et c'est ce que devrait faire l'investisseur particulier. »

5. « Je ne cherche pas à sauter par-dessus des barres de deux mètres de haut. Je cherche des barres de trente centimètres que je peux enjamber. »

6. « Si vous êtes prêt à investir dans une compagnie, alors vous devez être en mesure d'expliquer pourquoi, dans le langage qu'un élève de cinquième année comprendrait, et assez rapidement pour qu'il ne s'ennuie pas. » – Peter Lynch

La simplicité est un thème qui est cher à Buffett. Il n'aime pas quand les choses deviennent complexes et difficiles à expliquer. S'il ne comprend pas, il ne le fait pas. Et il n'a pas peur de dire qu'il y a des choses qu'il ne comprend pas.

7. « Mon idée d'une décision de groupe est de regarder dans le miroir. »

8. « Avant ce livre, j'investissais avec mes glandes au lieu d'avec ma tête. »

9. « Vous n'avez pas raison parce que d'autres sont d'accord avec vous. Vous avez raison parce que vos faits sont exacts et que votre raisonnement est juste. »

Le raisonnement intelligent fait partie des traits de caractère des grands investisseurs et des grands sages. On paie souvent un prix élevé pour aller avec le groupe, faire comme tout le monde et ne pas réfléchir mais plutôt réagir. On doit également être sûr de soi pour prendre des décisions, faire ses devoirs et ne pas nécessairement attendre l'approbation d'autrui.

10. « C'est quand la mer se retire que l'on voit ceux qui se baignent nus. »

11. « Avec suffisamment d'informations privilégiées et un million de dollars, vous pouvez réussir à tout perdre en un an. »

12. « Quand on est dans un trou, la pire chose à faire est de continuer de creuser. »

13. « Si jamais vous vous retrouvez dans un bateau qui coule, l'énergie pour changer de bateau est plus productive que l'énergie pour colmater les trous. »

De la simplicité aux décisions stupides ! J'aime bien celle qui parle du trou et du principe d'arrêter de creuser. Vous souriez sans doute en la lisant et vous vous dites que cela semble évident… mais ça ne l'est pas. L'être humain n'aime pas admettre ses erreurs. Souvent, on préférera continuer dans une direction et s'entêter, plutôt que de faire marche arrière, prendre ses pertes et recommencer ailleurs avec plus d'expérience. Je vous ai parlé des lettres annuelles de Buffett à ses actionnaires. Il commence souvent ses lettres en parlant de ses erreurs, de ses mauvais coups, des éléments qu'il n'a pas vus venir. Il semble très critique envers lui-même.

14. « Si j'ai pu voir plus loin, c'est que j'ai pu monter sur les épaules de mes prédécesseurs. » – Isaac Newton

C'est l'une des premières citations que j'ai intégrée au texte de *Buffett et Cie* lorsque j'ai commencé à l'écrire en 2006. *Sir* Newton l'a dit il y a plusieurs centaines d'années et voulait rendre hommage à tous les scientifiques qui avaient effectué des travaux avant lui. De même, nous devons rendre hommage et porter attention à tous les grands investisseurs qui ont fait fortune avant nous. Buffett l'a fait.

ACHETER UNE ENTREPRISE

15. « Notre but est de découvrir des compagnies extraordinaires à des prix ordinaires et non des compagnies ordinaires à des prix extraordinaires. »

Vous pouvez maintenant faire le lien direct avec le graphique du chapitre quatorze. C'est pourquoi Buffett a une bonne moyenne au bâton : il sait ce qu'il cherche et, lorsqu'il le trouve, il s'élance de toutes ses forces.

16. « Le prix est ce que vous payez. La valeur est ce que vous obtenez. »

17. « Qu'il s'agisse de chaussettes ou d'actions, j'aime acheter de la marchandise de qualité lorsqu'elle est soldée. »

Lorsque l'on arrête de penser aux actions et que l'on pense plutôt aux entreprises, on se met à aimer les soldes et les soubresauts boursiers !

18. « J'essaie d'acheter les actions d'entreprises si merveilleuses qu'un idiot pourrait les gérer. Parce que tôt ou tard, cela arrivera. »

19. « Le temps est l'allié des belles entreprises et l'ennemi des médiocres. »

La dix-huitième citation, je la trouve dure un peu, même en la relisant plusieurs fois. Mais elle est très pragmatique. Je ne pense pas que Coca-Cola sera gérée par des idiots un jour, mais la force de la marque et de sa distribution en fait, encore aujourd'hui, une entreprise merveilleuse. Quelques autres entreprises ont ce genre de douve.

LA BOURSE

20. « Il n'existe que deux choses infinies, l'univers et la bêtise humaine… mais pour l'univers, je n'ai pas de certitude absolue. » – Albert Einstein

21. « Je peux calculer le mouvement des étoiles, mais pas la folie des hommes. » – Isaac Newton

Deux grands scientifiques qui nous donnent chacun une citation… sur la folie des hommes. Comment croire ensuite que les marchés sont parfaitement efficients et qu'ils réagissent rationnellement à toutes les nouvelles ?

22. « Tenez-vous loin de la Bourse. »

23. « À la Bourse, il y a deux règles fondamentales à respecter. La première est de ne pas perdre, la seconde est de ne jamais oublier la première. »

24. « La Bourse est un exutoire affectif pour de nombreux investisseurs. Chaque jour, ils y retrouvent leur lot de douleur et de plaisir, et ils auraient bien de la difficulté à se libérer de cette dépendance ou même de la reconnaître. » – STEPHEN A. JARISLOWSKY

Prudence. Lorsqu'il mentionne qu'il faut se tenir loin de la Bourse, il fait allusion à toute l'activité frénétique qui l'entoure. L'investisseur le plus rationnel pourra s'y faire prendre s'il ne fait pas attention.

25. « La plupart des gens s'intéressent aux actions quand tout le monde s'y intéresse. Le moment d'acheter est quand personne ne veut acheter. Vous ne pouvez acheter ce qui est populaire. »

26. « Soyez craintif quand les autres sont avides. Soyez avide quand les autres sont craintifs. »

27. « Voyez les fluctuations du marché comme vos alliées plutôt que vos ennemies ; tirez profit de la folie plutôt que d'y prendre part. »

Ces citations devraient être à la vue de tous ceux qui investissent à la Bourse. Il est facile d'être avide et fonceur quand toutes les nouvelles sont bonnes, que les premières minutes de bulletin de télé sont réservées aux récents exploits des Canadiens de Montréal (ce qui équivaut à dire que rien de vraiment important n'est arrivé aujourd'hui). Cependant, lorsque des visages longs, un parquet de la Bourse dénudé et des images avec des chiffres en rouge apparaissent et font état d'un effondrement boursier ou d'une correction sans précédent, il est plus difficile de garder son calme (j'ai exagéré pour l'effet, mais vous comprenez l'idée !).

28. « Achetez seulement des choses que vous serez parfaitement heureux de posséder si le marché s'effondre pendant dix ans. »

Cette citation, à elle seule, réussit à faire fuir le spéculateur en vous ! Quand on pense que certains boursicoteurs ne gardent leurs actions que dix minutes !

29. « Ne comptez jamais sur une bonne vente. Faites en sorte que le prix d'achat soit tellement *attractif* que même une vente médiocre donne de bons résultats. »

Il ne faut pas compter que le marché ira toujours à la hausse et nous donnera raison. C'est risqué. Il faut être discipliné, faire nos devoirs et investir lorsque les prix fléchissent afin de nous accorder une marge de sécurité.

30. « Wall Street est le seul endroit où les gens montent dans une Rolls-Royce pour obtenir des conseils de ceux qui prennent le métro. »

31. « Chaque dollar versé au courtier, au conseiller ou à la firme de courtage, de même qu'aux banquiers, avocats, comptables, services de fiscalité, et ainsi de suite, provient des goussets de l'investisseur. Toute transaction est coûteuse. Donc, moins on *transige*, moins on paie de commissions et plus rentables sont les placements. »
– Stephen A. Jarislowsky

Sans commentaire.

32. « Dans la nouvelle théorie de gestion de portefeuille, il y a beaucoup de petites lettres grecques et toutes sortes de choses qui vous font croire que vous êtes en avance. Mais il n'y a pas de valeur ajoutée. »

Il parle ici de bêta (représenté par la lettre bêta : ß), d'écart type (représenté par la lettre sigma : σ), de coefficient de corrélation (représenté par la lettre rho : ϱ). Pour Buffett, l'alphabet grec de la théorie moderne de portefeuille, c'est du chinois. Il ne s'est jamais soucié de corrélation de son portefeuille ni de son écart type ou de toutes ces choses et il s'en est très bien sorti. Encore une fois, la simplicité…

33. « Nous pensons que qualifier d'"investisseurs" des institutions qui *transigent* activement revient à qualifier quelqu'un qui a régulièrement des liaisons sans lendemain de "romantique". »

En anglais, il utilise l'expression *one night stand*, que vous comprenez sans doute très bien. Il n'est pas tendre envers les institutions financières qui se disent des investisseurs à long terme dans leurs prospectus et leurs discours envers leurs clients, mais qui, dans les faits, agissent tout autrement.

PRÉVISIONS ET PASSÉ

34. « Ceux qui ne peuvent se rappeler le passé sont condamnés à le répéter. » – George Santayana

35. « La folie, c'est se comporter de la même manière et s'attendre à un résultat différent. » – Albert Einstein

Deux mots forts dans ces deux citations : *condamnés* et *folie*. Conclusion : n'oubliez pas le passé et servez-vous-en pour agir de manière plus intelligente à l'avenir !

36. « Si le jeu se réduisait à connaître le passé, alors les gens les plus riches seraient les libraires. »

37. « Les leçons du passé sont seulement utiles dans la mesure où nous nous en souvenons. La mémoire sur le plan de la Bourse est remarquablement courte, comme l'histoire nous l'a souvent démontré. Avec tout mon respect pour ceux qui croient à l'efficience des marchés, selon mon expérience, la Bourse continue d'agir de manière un peu folle grâce aux investisseurs qui, malgré la fameuse tirade de George Santayana, continuent d'oublier le passé. »

38. « Dans le monde des affaires, le rétroviseur est hélas toujours plus clair que le pare-brise. »

39. « Les prévisions vous en disent beaucoup sur ceux qui les font, elles ne vous disent rien sur l'avenir. »

40. « Nous avons toujours trouvé que la seule utilité de ceux qui font des prévisions de cours est de faire apparaître les voyants moins stupides. Charlie et moi pensons que les prévisions à court terme sont un poison et qu'il devrait rester enfermé sous clé dans un endroit sûr, hors de portée des enfants et aussi des adultes qui se comportent sur les marchés comme des enfants. »

Si vous désirez en finir une fois pour toutes avec les prévisions, faites imprimer les prochaines que vous croiserez et gardez-les précieusement dans un tiroir. Attendez un an, deux ans et même cinq ans, puis révisez-les. Vous sourirez ! Vous verrez que les temps ont changé, qu'il s'est passé vraiment beaucoup de choses, mais que peu d'entre elles ont été prédites avec exactitude et, même si tel a été le cas, leur effet sur le marché ou vos actions n'ont pas été ce qui avait été escompté. Bien sûr, si vous dites régulièrement que les marchés baisseront, vous aurez raison, car les marchés s'ajustent et baissent de temps à autre. Puis, si vous dites qu'ils remonteront, vous aurez également raison ! Ainsi en est-il de beaucoup de prévisions. Je ne peux terminer sans ajouter cette citation savoureuse du mentor de Buffett :

41. « À peu près tout le monde qui s'intéresse au marché des actions veut se faire dire par quelqu'un d'autre ce que feront les marchés dans un proche avenir. La demande étant là, elle doit être comblée. » – Benjamin Graham

PHILOSOPHIE ET ÉTHIQUE

42. « À long terme, ce n'est pas seulement combien d'argent vous ferez qui déterminera votre prospérité, c'est combien d'argent vous réussissez à faire fructifier en l'épargnant et en l'investissant. » – Peter Lynch

Faire de l'argent n'est pas tout. Encore faut-il l'épargner, le faire fructifier et le laisser fructifier sans y toucher ! Ce n'est pas une tâche évidente. Lorsqu'il a débuté, Buffett n'avait pas beaucoup, mais il l'a investi. Il a laissé le temps opérer sa magie. Il avait une vision en tête et, pour ce faire, il devait épargner et accumuler son capital. Beaucoup de gens gagnent de fortes sommes d'argent au cours de leur vie, mais vers la fin, ou même le milieu, ils ne sont pas en bonne santé financière. Ils ont tout dépensé.

43. « Lorsque je vais travailler chaque matin, je me sens comme si j'allais peindre la chapelle Sixtine. »

Deux choses : premièrement, il aime ce qu'il fait et il continue de travailler, même s'il a passé, depuis longtemps, l'âge de la retraite ; deuxièmement, il y a moyen d'être inspiré pour faire de belles et grandes choses dans n'importe quel secteur, même dans le domaine apparemment froid et cruel du capitalisme moderne. Buffett a créé une compagnie et une culture d'entreprise qui passeront l'épreuve du temps. Il a développé un savoir-faire et un savoir-investir-gérer-prospérer qui seront pérennes.

44. « Il faut vingt ans pour construire une réputation et cinq minutes pour la détruire. Si vous gardez ça à l'esprit, vous vous comportez différemment. »

45. « Quand vous cherchez des gens à recruter, vous devez rechercher trois qualités : l'intégrité, l'intelligence et l'énergie. Et s'ils ne possèdent pas la première, les deux autres vous tueront. »

46. « Il vaut mieux fréquenter des gens meilleurs que soi. Choisissez des associés qui ont un comportement meilleur que le vôtre et vous dériverez dans cette direction. »

Buffett a toujours accordé une grande importance aux qualités humaines. Et cela a également du sens financièrement, à long terme. Ainsi, la réputation qu'il a su maintenir depuis plus de cinquante ans fait en sorte qu'aujourd'hui, des entrepreneurs « veulent » lui vendre leur entreprise, et la vendre à personne d'autre. Ils savent qu'il ne les laissera pas tomber, qu'il conservera leur entreprise dans son giron, sa collection. Ils ne désirent pas uniquement vendre au meilleur prix, au plus offrant, ils désirent que ce qu'ils ont construit au cours de leur vie ait du sens. Seule une forte réputation bâtie au fil des ans peut apporter ce genre de niveau de confiance.

Les jeux de passe-passe, les entourloupettes, les *deals* finissent par rattraper ceux qui les font, et leur réputation s'en trouve ternie. Une réputation ternie coûte cher et n'est pas de très bon augure en affaires. Amasser des millions sur le dos de victimes et terminer sa vie en prison comme l'ont fait les Conrad Black, Bernard Madoff, Vincent Lacroix et autres bandits à cravate n'est pas dans les valeurs de l'investisseur valeur. Il y a moyen de bien faire les choses, de faire de l'argent et de vivre une bonne vie.

47. « Une personne très riche doit laisser suffisamment à ses enfants pour qu'ils fassent ce qu'ils veulent, mais pas assez pour qu'ils ne fassent rien. »

Nous le verrons au prochain chapitre. Cette réflexion de Buffett a « coûté » à ses enfants et à ceux de Bill Gates plus de 100 G$. Si l'argent ne fait pas le bonheur, comme le dit le dicton, il peut, s'il est mal compris, facilement créer le malheur.

48. « Tout va très bien pour les riches dans ce pays, nous n'avons jamais été aussi prospères. C'est une guerre de classes, et c'est ma classe qui est en train de gagner. »

Buffett est démocrate. C'est le parti plus social américain, plus à gauche de l'échiquier politique. Il appuyait Barack Obama et il appuiera Hilary Clinton pour les élections présidentielles de 2016. Il trouve anormal qu'il paie moins d'impôts, en pourcentage, que sa secrétaire. Il n'est pas vraiment apprécié, vous vous en douterez, par ses « collègues » milliardaires pour ainsi oser faire ce genre d'affirmation.

49. « Les chaînes de l'habitude sont trop légères pour être senties jusqu'au moment où elles sont trop lourdes pour être brisées. »

Celle-là vous servira tant pour vos habitudes d'investisseur que pour votre vie de tous les jours. Parmi les éléments qui créent une *addiction*, nous avons la nicotine, la caféine, la cocaïne, l'héroïne et… la routine ! Intéressant qu'ils se terminent tous en « ine », vous ne trouvez pas ?

Et voici la dernière citation, qui fera le lien parfait avec le prochain chapitre :

50. « Quelqu'un s'assoit à l'ombre aujourd'hui parce que quelqu'un d'autre a planté un arbre il y a longtemps. »

CHAPITRE DIX-SEPT

AU-DELÀ DE L'APPROCHE VALEUR

« Il faut vingt ans pour construire une réputation et cinq minutes pour la détruire. Si vous gardez ça à l'esprit, vous vous comportez différemment. »

– Warren Buffett

UN STEAK À 16 MILLIONS...

À l'an 2000, à la demande de sa conjointe Susan, Warren Buffett commença ce qui est maintenant une tradition : la mise aux enchères d'un *lunch* en sa compagnie. L'idée de sa conjointe était de venir en aide à une fondation qu'elle affectionnait particulièrement, la fondation Glide, située à San Francisco et venant en aide à ceux qui sont dans le besoin, peu importe leur race, leur âge, leur sexe, leur religion. La fondation sert plus de 850 000 repas par année et aide également ceux qui ont des problèmes de santé graves, les sans-abris ou les personnes qui souffrent de pauvreté.

Ce *lunch* a lieu à New York, au restaurant Smith & Wollensky[72], chaque année. Le gagnant des enchères peut amener jusqu'à sept autres personnes avec lui. Vendu aux enchères via eBay depuis une douzaine d'années, cette activité simple, mais qui suscite beaucoup de réactions, a permis d'amasser près de 16 M$. Depuis son lancement, le prix pour s'asseoir et manger un steak avec Warren Buffett a varié de 25 000 à 3 456 789 $.

En 2014, il y a eu correction à la baisse et le billet ne s'est vendu « que » 2,17 M$[73].

Guy Spier a tellement été impressionné par sa rencontre, payée 650 100 $ en 2007, qu'il a écrit un livre, *The Education of a Value Investor: My Transformative Quest for Wealth, Wisdom, and Enlightenment*[74].

Ted Weschler a dépensé 5,25 M$ pour les encans de 2010-2011. Cet investissement s'est avéré heureux, car finalement Buffett l'a engagé en 2011. Il a par contre mentionné plus tard qu'il ne s'attendait pas à engager d'autres personnes avec qui il *luncherait* pour cet événement[75] !

Ces effets de transformation sont presque prévisibles : lorsque vous dépensez ce genre de somme simplement pour passer deux heures avec une personne que vous admirez, il est clair que ce qu'elle dira aura un impact sur vous. En plus, cela a comme effet secondaire d'aider une bonne cause et de créer des articles de journaux. Chaque année, je ne peux m'empêcher de sourire lorsque je relis les mêmes articles à propos de ce *lunch* si cher payé et qui frappe l'imaginaire.

« EN CE MONDE, RIEN N'EST CERTAIN À PART LA MORT ET LES IMPÔTS. » – BENJAMIN FRANKLIN

Berkshire Hathaway a payé 51 393 000 000 $ en impôts au cours des 10 dernières années, dont 8,95 G$ pour l'année 2013. Le budget fédéral américain dépensant environ 400 M$ à l'heure (3,5 E$ par année), la compagnie de Buffett a donc permis au gouvernement américain de fonctionner pendant 22 heures en 2013. En ce qui nous concerne, il paie en impôts l'équivalent de 7,2 % de notre budget provincial de 96,4 G$ (2014-2015), soit 1/14 de nos impôts. Selon certains, il pourrait en payer plus, mais disons que cette feuille de route est tout de même intéressante. Cela fait différent que de lire sur des gens riches qui déménagent en Russie ou dans d'autres pays exotiques afin d'éviter de payer leur dû à la société.

Tableau 51 – Impôts payés par Berkshire Hathaway, 2004-2013

ANNÉE	IMPÔTS PAYÉS
2013	8 951 000 000 $
2012	6 924 000 000 $
2011	4 568 000 000 $
2010	5 607 000 000 $
2009	3 538 000 000 $
2008	1 978 000 000 $
2007	6 594 000 000 $
2006	5 505 000 000 $
2005	4 159 000 000 $
2004	3 569 000 000 $

La « Règle de Buffett[76] »

La **« Règle de Buffett »** (*Buffett Rule*) a fait beaucoup jaser chez nos voisins du Sud. En effet, le plan que Buffett a proposé au président des États-Unis, Barack Obama, en 2011, visait à ce que chaque individu qui faisait plus de 1 M$ par année en revenus paie un minimum de 30 % en impôts. Selon la Maison-Blanche, cette stratégie fiscale aurait touché 0,3 % des contribuables.

Buffett se sentait mal à l'aise avec le fait que lui et ses pairs ne payaient pas le même taux d'impôt fédéral que de simples salariés gagnant beaucoup moins d'argent. La règle qu'il proposait visait les personnes ultrariches afin que celles-ci ne puissent bénéficier de taux inférieurs à ceux payés par les moins fortunés. Le *leader* du Sénat, Harry Reid (un démocrate), a proposé une taxe de 5,6 % sur les millionnaires, mais sa proposition n'a pas été adoptée. En avril 2012, la règle S. 2059 (*Paying a Fair Share Act*) a reçu 51 votes au Sénat manquant ainsi le chiffre de 60 requis pour son adoption finale.

Dans les médias

Buffett a continué à donner des entrevues disant que c'était presque immoral que les super riches paient si peu d'impôts. Ces prestations ont créé, et créent encore de la controverse parmi ceux qui suivent l'activité financière et politique. Il est certain qu'étant donné sa notoriété, ces arguments ne passent pas inaperçus et ne font pas nécessairement l'affaire de tous.

UN DON HISTORIQUE

> « Il y a environ 50 ans, je me suis assis avec 7 autres personnes qui m'ont confié 105 000 $ à gérer dans un *partnership*. Et ces personnes ont fait le jugement que je ferais un meilleur travail à leur accumuler une fortune qu'elles-mêmes n'en seraient capables. Cinquante ans plus tard, c'est à mon tour de m'asseoir avec des gens en qui j'ai confiance et qui pourront faire un meilleur travail que moi afin de disperser cette abondance et de donner cet argent à ceux qui en ont besoin. »
>
> – Warren Buffett, 26 juin 2006

Lorsqu'elle l'a interviewé, la journaliste et amie de Buffett, Carol Loomis, a été extrêmement surprise d'apprendre que Buffett donnait de son vivant. Elle savait (tout le monde savait) que Buffett donnerait sa fortune à sa mort. De son vivant, les critiques étaient vives quant au « fait » qu'il ne donnait pas beaucoup en comparaison de son immense fortune.

Son raisonnement (qui l'avantageait également) reposait sur le « fait » qu'il y aurait toujours des besoins dans le monde, que ce soit dans cinq, dix ou vingt ans, et que, son talent d'accumuler de vastes sommes d'argent servirait mieux s'il faisait fructifier un maximum avant de donner. Il a donc attendu à 75 ans avant de se lancer. L'élément qui l'a fait changer d'idée a été le décès de sa conjointe Susan. Il avait toujours pensé qu'il serait le premier à partir et que ce serait elle qui s'occuperait de donner et de contribuer. Mais la vie a vu les choses autrement.

Buffett et sa conjointe étaient d'accord avec la philosophie d'Andrew Carnegie, à savoir que les grandes fortunes accumulées en bonne partie grâce à la société devaient être retournées à la société. Buffett et sa conjointe ne voulaient surtout pas transférer tout cet argent à leurs enfants, non pas que ceux-ci ne soient pas de bonnes personnes. « [...] nos enfants possèdent tous les avantages en termes de comment ils ont grandi et des possibilités qu'ils ont eues sur le plan de l'éducation, incluant celle qu'ils ont reçue à la maison. Je crois que ce ne serait pas correct ni rationnel de les inonder d'argent. De fait, ils bénéficient d'une longueur d'avance dans une société qui aspire à être une méritocratie. Les dynasties créées par les super riches tendront à renforcer des déséquilibres que nous espérons aplanir[77]. »

Il a annoncé ce jour-là la cession irrévocable d'actions de catégorie B de Berkshire Hathaway[78] :

- 50 millions d'actions à la fondation de sa défunte conjointe, Susan Thompson[79].
- 17,5 millions d'actions aux fondations de chacun de ses trois enfants, Howard[80], Suzan et Peter[81]. (Note : il a doublé ce nombre en 2012, à la suite de l'excellente performance de ses trois enfants en matière de gestion de leur fondation respective.)
- 500 millions d'actions à la fondation de Bill et Melinda Gates[82].

Ces actions seront versées aux différentes fondations à raison de 5 % du total régressif chaque année. Buffett détenait un peu plus de 700 millions d'actions avant de faire don de 600 millions d'entre elles, soit 80,6 % de sa fortune. À son décès, le reste sera également distribué à des organismes de charité. Au moment de l'annonce, les actions valaient un peu plus de 60 $, ce qui fait en sorte qu'à ce moment le don total était évalué à 37 G$, ce qui en fait le plus important donateur de tous les temps. Lorsque l'on pense philanthropie américaine, les noms d'Andrew Carnegie et de John D. Rockefeller viennent à l'esprit. Même si leurs contributions ont été immenses (7,2 G$ en dollars d'aujourd'hui), celles-ci font pâle figure en comparaison de ce que Buffett laisse derrière lui.

Tableau 52 – Dons de philanthropes célèbres

NOM	ANNÉES	MONTANT À L'ÉPOQUE	MONTANT EN DOLLARS D'AUJOURD'HUI
WARREN BUFFETT	2006-	37 G$	Plus de 50 G$
ANDREW CARNEGIE	1902-1919	350 M$	7,2 G$
JOHN D. ROCKEFELLER	1889-1937	530 M$	7,1 G$
JOHN D. ROCKEFELLER JR.	1927-1960	475 M$	5,5 G$

Source : *Fortune*, 10 juillet 2006, p. 58

Buffett a également mentionné que l'une des raisons qui l'ont incité à donner le plus gros de sa fortune de son vivant a été le fait que la fondation de Bill et Melinda Gates avait déjà la taille nécessaire pour recevoir des dons de l'ordre de 2 G$ par année. Ce ne sont pas toutes les organisations qui sont capables de distribuer ce genre de capital intelligemment. Buffett note que son ami, Bill Gates, lit des milliers de pages de rapports sur la médecine, les maladies, les traitements et s'intéresse à toutes les manières efficaces avec laquelle lui et sa conjointe peuvent véritablement aider sur le plan de la santé et de l'éducation globalement. Le fait que Buffett connaisse Gates sur une base personnelle depuis 1991 aide, évidemment.

À l'ironique affirmation suivante : « Le deuxième homme le plus riche donne sa fortune à l'homme le plus riche », il répond qu'il ne la donne pas à Bill Gates, mais au travers de lui et de sa fondation. Il ajoute que Melinda représente également une importante part de l'équation.

PROMESSE DE DON

En juin 2010, Warren Buffett ainsi que Bill et Melinda Gates ont uni leurs efforts afin de demander aux milliardaires américains de publiquement déclarer, par une lettre ouverte, qu'ils feront don de plus de 50 % de leur fortune, de leur vivant ou à leur décès. La promesse publique ne représente pas un engagement légal et n'est en aucun cas reliée à la fondation de Bill et Melinda ou à celle de Buffett. Il s'agit plutôt de créer un espace public, une atmosphère qui attirera plus de gens à la philanthropie. Un événement annuel a lieu au cours duquel ceux qui se sont commis à faire don de la majorité de leurs fortunes seront conviés. Ils pourront ainsi échanger entre eux des idées, de meilleures pratiques, des façons de faire en ce domaine. Au fil des ans, des conversations qui iront plus en profondeur pourront être lancées au travers des différents membres de ce groupe. Un site web a été créé afin de mettre les lettres et intentions en ligne [www.givingpledge.org].

> « J'ai reçu beaucoup de oui lorsque j'ai téléphoné aux gens pour leur parler de cette idée, mais j'ai également essuyé plusieurs refus. Et je suis tenté, parce que j'ai eu beaucoup de non, de publier un livre, car ils ont refusé de donner de leur fortune alors qu'ils valent plus de 1 G$, dont le sujet serait *Comment survivre avec seulement 500 millions de dollars*. Parce qu'apparemment, beaucoup de ces gens ne savent pas comment[83]. »
>
> – Warren Buffett

Au départ, l'idée de Buffett et de Gates était de viser les milliardaires américains. Maintenant, le mouvement s'est répandu à travers le monde et plus de 126 milliardaires ont déclaré publiquement qu'ils donneraient la majorité de leur fortune à des œuvres de charité, de leur vivant ou à leur décès. Parmi les gens plus connus qui ont fait la promesse de don, on retrouve ceux-ci :

- Charles Bronfman
- Edgar Bronfman
- Richard Branson (fondateur du groupe Virgin)

- Paul G. Allen (cofondateur de Microsoft)
- Larry Ellison (cofondateur d'Oracle)
- Bill Gates (cofondateur de Microsoft) et Melinda Gates
- Carl Icahn (investisseur et activiste)
- George Lucas (producteur de films, connu pour *Star Wars* et *Indiana Jones*)
- Joe Mansueto (fondateur de Morningstar)
- Bob Parsons (fondateur de GoDaddy.com)
- David Rockefeller (fils de John D. Rockefeller)
- Mark Zuckerberg (cofondateur de Facebook)

Dans sa manière de voir la gestion et la distribution du capital, Buffett a influencé Bill Gates. À eux deux, ils ont créé la plus importante fondation au monde. Buffett et Gates sont en faveur d'une taxe sur la succession. Ils sont pour le retour du capital à la société. Plusieurs choses ont été écrites à leur sujet. Certains sont pour le capitalisme et la réussite personnelle. D'autres sont contre ce genre d'excès. Qui dit vrai ? Qu'est-ce qui est le mieux pour le bien commun ? Difficile, voire impossible de répondre. Une chose, cependant : beaucoup de bien pourra être fait grâce aux milliards qui seront distribués. Et le monde serait meilleur, je pense, si tous ceux qui possèdent autant redistribuaient leur richesse en quittant notre planète. C'est mon humble point de vue.

Un fait à noter sur le plan du don de Buffett à la fondation de Bill et Melinda Gates : l'argent devra être dépensé en totalité au plus tard dix ans après son décès. Il ne désire pas que son argent constitue une fondation à long terme à la mémoire de son nom. Il veut que l'argent soit mis à contribution au plus tôt pour les besoins actuels.

CONCLUSION

« Quelqu'un s'assoit à l'ombre aujourd'hui parce que quelqu'un d'autre a planté un arbre il y a longtemps. »

– WARREN BUFFETT

BUFFETT AURA MARQUÉ SON ÉPOQUE

Buffett aura marqué le XXe siècle et les deux premières décennies du XXIe siècle. Il aura fasciné par ses résultats, ses décisions, ses commentaires. L'investissement de style valeur ne serait pas le même sans lui. On s'y intéresserait, mais un peu comme on s'intéressait au golf avant la venue de Tiger Woods. L'argent a ce pouvoir, celui de fasciner, car, justement, il donne du pouvoir, il est pouvoir.

Buffett aura eu sa photo dans les journaux, comme il l'avait prédit. Il aura été millionnaire avant trente ans. Il aura démontré que le *focus*, la concentration, la détermination, la volonté de se dévouer à une tâche peuvent accomplir de grandes choses.

Buffett est démocrate, il paie ses impôts et il a commencé à redonner toute sa fortune à des œuvres de charité. Un étudiant a demandé à Buffett ce qui avait fait en sorte qu'il soit démocrate au lieu de républicain, comme son père. Il lui a donc offert cette histoire qu'il intitule *La loterie ovarienne*[84] : « Tout d'abord, imaginons que nous sommes vingt-quatre heures avant notre naissance. Un génie arrive et nous dit, alors que nous sommes dans le ventre de notre mère : "Tu m'as l'air de quelqu'un de très responsable, d'intelligent, et tu sembles avoir un grand potentiel pour devenir une très bonne personne. Tu sortiras très bientôt et j'ai une très grande responsabilité à te confier : déterminer le système politique, économique et social dans lequel tu arriveras. Tu fixes les règles, le système politique, tout ce que tu désires. Tu peux régler la structure économique afin qu'elle soit communiste, capitaliste – comme tu le veux, et je te garantis que lorsque tu arriveras dans ce monde, tout sera en place pour toi, tes enfants et tes petits-enfants.

— C'est quoi, l'attrape ?

— Une seule. Juste avant de naître, tu devras piger dans un panier de sept milliards de billets, un pour chaque humain sur cette Terre. Tu devras plonger ta main dans le panier et le billet que tu pigeras, ce sera toi. Tu naîtras intelligent ou non, en bonne santé ou handicapé, noir ou blanc, tu naîtras aux États-Unis ou au Bangladesh, etc. Tu n'as aucune idée de quel billet tu pigeras."

» Arrive alors la question suivante : "Si vous ne saviez pas sur quel billet vous alliez tomber, comment dessineriez-vous le monde ?" Voulez-vous qu'il soit dur envers les femmes ? Vous avez 50 % de chance de venir au monde en tant que femme.

» Le fait de ne pas savoir quel billet vous pigerez vous fait désirer un système qui produit beaucoup de biens et de services, mais qui ne laisse personne derrière. Vous voulez des incitatifs pour les personnes qui obtiennent des *top* performances (vous ne voulez pas les décourager), mais en même temps si une personne pige le "mauvais" billet, vous désirez également qu'elle ait une vie décente.

» Vous voulez également éliminer la peur de l'esprit des gens, la peur du manque d'argent durant la vieillesse ou à cause d'une maladie. »

Buffett raconte que ses sœurs n'ont pas été aussi chanceuses que lui à la loterie ovarienne. Les expectatives en ce qui les concerne étaient qu'elles se marient ou, si elles devaient travailler, qu'elles soient infirmières ou enseignantes. Buffett a souvent répété qu'il était **fait** d'une certaine manière (*wired in a certain way*) qui en faisait le candidat parfait dans le monde capitaliste où l'on réussit bien si l'on alloue correctement le capital qui nous est conféré. Serait-il né sur un autre continent, comme en Afrique, ou à une époque où le capitalisme n'était pas le système de base ? Son destin aurait été plus tragique et sûrement très court. Buffett a gagné à la loterie ovarienne et il ne se lasse pas de se le rappeler.

Il y aurait encore beaucoup à écrire et à « raffiner » sur tous les sujets qui ont été touchés. Mais avant de continuer dans le monde de l'investissement, il faut se souvenir des leçons et des erreurs passées. Au moment d'écrire ces lignes, la crise des *subprimes* aux États-Unis est maintenant vieille de 68 mois. Les journaux, la radio et les bulletins de nouvelles n'en parlent plus, mais d'autres mauvaises nouvelles ont remplacé les vieilles mauvaises nouvelles. En ce moment, il est question de l'épidémie du virus Ebola, de la montée de l'*ISIS* en Irak, en Iran, etc. Que va-t-il se passer ? La crise s'aggravera-t-elle ? Vos REER seront-ils touchés ?

Je commence par appliquer un premier principe, celui de me tenir loin de Monsieur De La Bourse. Il peut entrer en phase dépressive à tout moment. Puis, je réfléchis au deuxième principe, celui de ne pas m'inquiéter de l'économie. Il est plus difficile celui-là, on m'en parle partout en ce moment, mais ça va, je tiens bon. Puis, je continue le raisonnement. J'investis dans des entreprises, je suis propriétaire d'entreprises. Des crises, il y en a eu et il y en aura toujours. Je surveille les prix maintenant, car, qui sait, peut-être trouverai-je une aubaine grâce aux générosités de Monsieur De La Bourse ?

En terminant, je vous souhaite d'avoir envie de danser la claquette en allant travailler chaque matin. Sinon, rappelez-vous ce conseil de Buffett : « Remettre à plus tard le fait d'avoir du plaisir à faire un travail que l'on aime, c'est comme remettre le sexe à plus tard, quand on aura le temps, durant nos vieux jours : ce n'est pas une très bonne idée ! »

ANNEXE 1

TABLEAU DES LIVRES ÉCRITS SUR WARREN BUFFETT

Liste des livres écrits au sujet de Warren Buffett (et non pas seulement avec *Buffett* dans le titre – sinon, il y en aurait encore plus !)

Année	Titre	Auteur	Éditions
1987	*The Midas Touch*	John Train	Harriman Jouse
1994	*The Warren Buffett Way*	Robert G. Hagstrom	John Wiley & Sons, New York
1995	*The Making of an American Capitalist*	Roger Lowestein	Broadway Books, New York
1997	*Warren Buffett Speaks*	Janet Lowe	John Wiley & Sons, New York
1999	*The World's Greatest Investment*	Robert P. Miles	Compte d'auteur
1999	*Buffettology*	Mary Buffett David Clark	Fireside, New York
1999	*The Warren Buffett Portfolio*	Robert G. Hagstrom	John Wiley & Sons, New York

Année	Titre	Auteur	Éditions
2000	*Business Masterminds*	Robert Heller	Dorling Kindersley
2001	*The Buffettology Workbook*	Mary Buffett David Clark	Fireside, New York
2001	*How to Pick Stocks Like Warren Buffett*	Timothy Vick	McGraw-Hill, New York
2001	*The Essays of Warren Buffett: Lessons for Corporate America*	Lawrence A. Cunningham	Cardozo Law School, New York
2001	*The Essential Buffett*	Robert G. Hagstrom	John Wiley & Sons, New York
2001	*Value Investing*	Bruce C.N. Greenwald Judd Kahn	Wiley Finance, New York
2002	*How To Think Like Benjamin Graham and Invest Like Warren Buffett*	Lawrence A. Cunningham	McGraw-Hill, New York
2003	*What I Learned Before I Sold to Warren Buffett*	Barnett Helzberg	John Wiley & Sons, New York
2003	*The Warren Buffett CEO*	Robert P. Miles	Wiley, New York
2003	*Warren Buffett*	Ayano Morio	John Wiley & Sons, New York
2004	*The Real Warren Buffett*	James O'Loughlin	Nicholas Brealey Publishing
2004	*Warren Buffett Wealth*	Robert P. Miles	Compte d'auteur
2005	*Trade Like Warren Buffett*	James Altcher	Wiley, New York
2006	*Of Permanent Value*	Andrew Kilpatrick	Compte d'auteur
2006	*The Tao of Warren Buffett*	Mary Buffett David Clark	Scribner, New York

Année	Titre	Auteur	Éditions
2006	*The Winning Investment Habits of Warren Buffett & George Soros*	Mark Tier	St-Martin Griffin
2008	*Warren Buffett And The Interpretation of Financial Statements*	Mary Buffett David Clark	Scribner, New York
2008	*Pilgrimage to Warren Buffett's Omaha*	Jeff Matthews	McGraw-Hill, New York
2008	*Even Buffett Isn't Perfect: What You Can-And Can't-Learn From The World Greatest Investor*	Vahan Janjigian	Portfolio Hardcover
2008	*The Snowball*	Alice Schroeder	Bantam Books
2010	*The Sages*	Charles R. Morris	Public Affairs
2010	*Behind the Berkshire Hathaway Curtain*	Ronald Chan	Wiley, New York
2010	*The Warren Buffetts Next Door*	Matthew Schifrin	Wiley, New York
2010	*Dear Mr. Buffett*	Janet M. Tavakoli	Wiley, New York
2010	*Warren Buffett and the Art of Stock Arbitrage*	Mary Buffett David Clark	Scribner, New York
2010	*Invest Like a Billionnaire*	Warren Buffett et plusieurs autres	
2011	*The Warren Buffett Stock Portfolio*	Mary Buffett & David Clark	Scribner New York
2011	*Warren Buffett Invests Like a Girl*	The Motley Fool	HarperBusiness

Année	Titre	Auteur	Éditions
2012	*Warren Buffett's 3 Favorite Books*	Preston George Pysh	Pylon Publishing
2012	*Gems from Warren Buffett*	Mark Gavagan/ Warren Buffett	Cole House LLC
2012	*Think, Act, and Invest Like Warren Buffett*	Larry Swedore	McGraw-Hill, New York
2012	*The Oracle Speaks*	David Andrews	Agate B2
2012	*Creating a Portfolio like Warren Buffett*	Jeeva Ramaswamy	Wiley, New York
2013	*Secret Millionaires Club*	A. Heyward	Wiley, New York
2013	*The Essays of Warren Buffett*	Warren Buffett/ Lawrence A. Cunningham	Carolina Academic Press ; 3e édition
2013	*The Warren Buffett Way, 3e édition*	Robert G. Hagstrom	Wiley, New York
2013	*The Warren Buffett Way Workbook*	Robert G. Hagstrom	Wiley, New York
2013	*Tap Dancing to Work*	Carol J. Loomis	Forbes
2014	*Berkshire Hathaway Letters to Shareholders, 2013*	Warren Buffett	Max Olson
2014	*Warren Buffett Accounting Book: Reading Financial Statements for Value Investing*	Stig Brodersen/Preston Pysh	Pylon Publishing
2014	*Secrets in Plain Sight: Business & Investing Secrets of Warren Buffett*	Jeff Matthews	ebooks on Investing
2014	*Of Permanent Value*	Andrew Kilpatrick	Andrew Kilpatrick

Année	Titre	Auteur	Éditions
2014	*Berkshire Beyond Buffett*	Lawrence A. Cunningham	Columbia University Press
2014	*The Warren Buffett Philosophy of Investment*	Elena Chirkova	McGraw-Hill, New York
2015	*Buffett and Beyond*	Joseph Belmonte	Wiley, New York

ANNEXE 2

RESSOURCES

- Morningstar.ca ou Morningstar.com fournissent beaucoup d'informations sur les actions et les fonds communs, qu'ils soient canadiens ou américains. Comme je l'ai mentionné, la plus grande particularité des informations fournies par Morningstar sur les actions est que vous avez accès, gratuitement, à des données importantes sur dix ans, ce qui constitue un horizon assez minimal pour un investisseur valeur. Vous pourrez également comparer vos fonds de placement avec leurs pairs ou leurs indices de référence et constater si ceux-ci font un bon travail (ou non) en comparaison des frais de gestion qui leur sont imputés.

- CNBC, le réseau de télévision américain spécialisé dans l'actualité financière et boursière, consacre beaucoup d'espace sur son site afin de suivre Warren Buffett. Un lien que j'ai inscrit dans mes marque-pages est le suivant: [www.cnbc.com/id/22130601/site/14081545/]. Il me permet de connaître la valeur, en temps réel, des différentes compagnies détenues dans le portefeuille boursier de Berkshire Hathaway. Toujours intéressant à consulter.

- Robert Hagstrom qui est l'auteur que je préfère, lorsque vient le temps de parler de Buffett, a créé un site très intéressant à visiter, [http://thewarrenbuffettway.com]. Vous pourrez télécharger le tableau Excel qu'il a créé afin de rapidement calculer la valeur intrinsèque selon le modèle d'actualisation des flux de trésorerie.

- Si vous désirez avoir accès rapidement aux livres intéressants sur Warren Buffett, je me suis permis d'en faire une liste facilement accessible via ce lien : Amazon.com : [http://goo.gl/aqoJ4h].

- L'indice des milliardaires : www.ibillionaire.me. Ce site a construit un index de trente titres boursiers à partir des actions détenues par de célèbres milliardaires, comme Warren Buffett, Carl Icahn, etc.

NOTES

1. Théorie des marchés efficients. Il y a trois formes : forte, moyenne et faible. Selon cette école de pensée, il est impossible pour un investisseur de battre le marché à long terme en choisissant des actions. Beaucoup d'études viennent corroborer cette théorie. Buffett est en opposition avec cette théorie et représente, pour eux, un événement « 5 sigmas », c'est-à-dire qu'il est à 5 écarts types de la médiane, donc très, très rare et non répétable. Cette théorie a été en grande partie élaborée à l'Université de Chicago. Selon cette théorie, les millions d'investisseurs étudiant toutes les données de toutes les compagnies arrivent tous à un consensus à un moment concernant le prix et l'avenir de la compagnie. Ce consensus est établi grâce à toute l'information disponible pour tous les investisseurs. Il n'y a donc pas de compagnie sous-évaluée ou mal évaluée dans le marché. Ce sont les événements extérieurs qui changent. Buffett est très heureux que cette théorie soit enseignée dans les classes, car il dit que ça lui facilite la tâche comme gestionnaire quand les autres n'essaient même pas de battre le marché ! Pour plus de détails à ce sujet, visitez le [http://fr.wikipedia.org/wiki/Efficience_du_marché_financier].

2. *The Warren Buffett Way*, Robert Hagstrom, John Wiley & Sons, 1994. Note : Ce livre a plus tard été traduit par Bernard Mooney, journaliste au journal *Les Affaires*, sous le titre *Les stratégies de Warren Buffett* (Publications financières internationales, 1997).

3. Chaque conseiller ou planificateur financier du Québec qui est également un courtier en épargne collective doit suivre un minimum de 10 UFC, sur

une période de 2 ans, dans cette matière (courtage en épargne collective) afin de conserver son permis. Tous les 2 ans, ces UFC sont remis à 0 et les conseillers doivent en accumuler d'autres. Un cours sur le plus grand investisseur de tous les temps semblait approprié !

4. Je n'ai pas vraiment trouvé de formule qui permette de bien traduire ce terme.

5. « Le 29 octobre, le "mardi noir" (*Black Tuesday*), le volume échangé atteint 16,4 millions de titres. L'indice Dow Jones perd encore 12 % (230,07) et les gains d'une année de hausse disparaissent. John Kenneth Galbraith écrit qu'il s'agit du "jour le plus dévastateur dans l'histoire de la Bourse de New York, et peut-être aussi dans toute l'histoire des Bourses". Entre le 22 octobre et le 13 novembre, l'indice Dow Jones passe de 326,51 à 198,69 (-39 %), ce qui correspond à une perte virtuelle de 30 M$, 10 fois le budget de l'État fédéral américain et plus que ce que les États-Unis avaient dépensé pendant toute la Première Guerre mondiale. Le 8 juillet 1932, l'indice Dow Jones tombe à 41,22, son plus bas niveau depuis sa création en 1896. » Source : [http://fr.wikipedia.org/wiki/Krach_de_1929].

6. *Buffett, The Making of an American Capitalist*, Roger Lowenstein, Broadway Books, p. 9.

7. Le premier Buffett du Nebraska a ouvert son épicerie en 1869.

8. Lowenstein. *op.cit.* p. 9.

9. De nos jours, la tante Alice pourrait donner à son neveu le Square qui permet, grâce à un compte et à une application, d'accepter les cartes de crédit avec son téléphone intelligent. L'histoire du prochain Buffett commencera peut-être ainsi : « Mon parrain m'a donné son appui... et un lecteur de carte de crédits Square à ma fête. J'ai commencé à faire du commerce électronique et j'aime vraiment ça ! » LOL !

10. Lowenstein, *op.cit.* p. 10.

11. Hagstrom, *op.cit.* p. 6-7.

12. Lui et son associé se sont donné un nom de compagnie ronflant, car ils ne voulaient pas éveiller les soupçons de leurs clients et leur faire savoir qu'ils faisaient affaire avec des gamins de 15 ans !

13. Le livre *Tap Dancing to Work* fait référence à cette citation de Buffett en le citant directement dans son titre, *Aller au travail en dansant la claquette.* (Traduction libre)

14. Il ne possède pas de Ferrari, de Mercedes ou de Rolls-Royce. Par contre, il est conséquent : en 2012, il a acheté des actions de GM, donc…

15. Sur sa plaque, on pouvait lire le mot *Thrifty*, ce qui se traduit par « Frugal ». Il a donné la plaque avec la voiture. La vente aux enchères a finalement rapporté 73 000 $ pour l'organisme de charité Girl Inc. Source : [http://www.businesswire.com/news/home/20060822005304/en/License-Give-Warren-Buffetts-Lincoln-Town-Car#.VDWITL68UjE].

16. Il est coté 3 ($$$) sur YELP [http://www.yelp.com/biz/gorats-steak-house-omaha]. Autrement dit, il est peu dispendieux, étant donné que l'échelle grimpe jusqu'à 5 ($$$$$). Ce restaurant est typiquement buffettien, vous dites ? :)

17. *Of Permanent Value: The Story of Warren Buffett*, Andy Kilpatrick, Andy Kilpatrick Publishing Empire, 2006, 1 682 p.

18. Source : [http://www.nytimes.com/2006/09/01/business/01buffett.html?_r=0].

19. *Security Analysis: Sixth Edition*, Benjamin Graham et David Dodd, préface de Warren Buffett, McGraw-Hill, 2008,700 p. Note : Cette sixième édition (!) est toujours offerte via Amazon : [http://www.amazon.ca/Security-Analysis-Edition-Foreword-Buffett/dp/0071592539].

20. Dans le film *À la poursuite du bonheur* (Columbia Pictures, 2006) mettant en vedette Will Smith et son fils, Jaden, le livre *Security Analysis* apparaît vers la 58e minute. Le patron de Will Smith lui demande alors de « manger

avec ce livre, de dormir avec ce livre». «Ce livre deviendra votre bible au cours des prochaines semaines.»

21. *The Intelligent Investor: The Definitive Book on Value Investing*, Benjamin Graham, Harper Business, 2003, 640 p. Note : Ce classique est également toujours offert sur Amazon ou vous pouvez le commander chez tout bon libraire.

22. On peut penser que cette déclaration est vraie, car Buffett nomma son fils Howard **Graham** Buffett, en l'honneur de son mentor.

23. *Common Stocks and Uncommon Profits and Other Writings*, Philip Fisher, Wiley, 2003, 320 p. Note : Ce classique est également toujours offert sur Amazon ou vous pouvez le commander chez tout bon libraire.

24. Rapport annuel de Berkshire Hathaway, 1987, p. 22.

25. Au 18 septembre 2014, l'action de catégorie A de Berkshire Hathaway valait 212 075 $.

26. [http://news.yahoo.com/median-ceo-pay-crosses-10-million-2013-104644141--finance.html].

27. Rapport annuel de Berkshire Hathaway, 2013.

28. Valeur moyenne des actions de Berkshire à l'automne 2014, selon un prix de l'action de catégorie A de 209 000 $.

29. Traduction libre de *guidance* (angl.).

30. *Lettre ouverte aux investisseurs irresponsables*, André Gosselin, Collection Affaires plus, 2004, p. 28. Excellent livre en passant ! Monsieur Gosselin écrit avec un ton de défoulement qui fait du bien. Ces faits sont très bien appuyés. Des exemplaires sont encore disponibles sur Amazon.

31. *The Intelligent Investor*, *op.cit.*

32. *The Intelligent Investor*, *op. cit.*

33. Note de l'auteur : Ce sont toutes des notions que j'ai également apprises dans de nombreux cours suivis depuis 1987. J'ai même enseigné ces concepts à d'innombrables étudiants. Quand je relis ce que Buffett a écrit… je me sens tout drôle, et je me demande s'il n'a pas raison ! :)

34. *L'Investisseur Intelligent*, Benjamin Graham, Valor, 4e édition, 1998.

35. *The Buffettology Workbook*, Mary Buffett, David Clark, Simon & Shuster, 2001, p. 87-88.

36. Hagstrom, *op.cit.* p. 101.

37. Source : [http://www.interbrand.com/en/best-global-brands/2013/Best-Global-Brands-2013.aspx]. À cette adresse, vous pourrez voir la liste des 100 marques ayant la plus grande valeur sur le marché selon Interbrand.

38. Morningstar est une compagnie qui fournit des données aux institutions financières et investisseurs à travers le monde. Son fondateur, Joe Mansueto, a été fortement influencé par Warren Buffett. Sans le savoir, j'ai un jour lu le rapport annuel de sa compagnie… et j'avais l'impression de lire le rapport annuel de Berkshire Hathaway ! En faisant mes recherches, j'ai découvert un article où il mentionne même que tout ce qu'il avait appris, il l'avait appris de Warren Buffett [http://www.inc.com/magazine/19990701/811.html]. J'ai mieux compris le ton de son rapport annuel et la façon dont il gérait sa compagnie.

39. Source : [www.bombardier.ca]. Slogan de la page d'accueil du site officiel.

40. De fait, Buffett a payé en argent et en échange d'actions 34 G$ en plus de prendre en charge une dette de BNSF de 10 G$, ce qui fait donc un total de 44 G$ pour la transaction finale. Source : [http://money.cnn.com/2009/11/03/news/companies/buffett_burlington_northern/index.htm?postversion=2009110311].

41. Via le formulaire 10-K qui peut être obtenu à l'adresse suivante : [http://www.bnsf.com/about-bnsf/financial-information/form-10-k-filings/].

42. Source : [http://en.wikipedia.org/wiki/Nortel#Liquidation].

43. *Dans la jungle du placement*, Stephen A. Jarislowky, Collection Affaires Plus, 2005, p. 123.

44. *Value Investing (3e édition)*, Charles Brandes, McGraw-Hill, 2003, p. 45.

45. En ce qui concerne ces données en particulier, je ne connais aucun autre site que [Morningstar.com] qui peut les fournir sans frais.

46. Mary Buffet, *op.cit.* p. 124-133.

47. Jarislowky, *op.cit.* p. 125.

48. J'ai beaucoup aimé son livre *John Neff on Investing* paru en 1999 chez John Wiley & Sons. En passant, il est né en 1931, un an seulement après Buffett.

49. Source : [http://en.wikipedia.org/wiki/John_Neff].

50. Ce texte est inspiré d'une conférence que Buffett donna en juillet 1999. Source : [http://archive.fortune.com/magazines/fortune/fortune_archive/2001/12/10/314691/index.htm].

51. J'ai même publié un livre sur le sujet, *VOUS.com – Soyez vu, entendu et reconnu sur le Web !*, paru aux Éditions Le Dauphin Blanc à l'hiver 2014.

52. Source : [http://techno.lapresse.ca/nouvelles/internet/201407/22/01-4785816-netflix-passe-un-contrat-record-de-bande-passante-en-france.php].

53. *The Theory of Investment Value*, John Burr Williams, Harvard University Press, 1938 ; réédité en 1997 par Fraser Publishing, 613 p.

54. Traduction libre de *Cash inflows and outflows.*

55. Traduction libre de *Discounted Cash Flow Model.*

56. La version originale anglaise est disponible au [www.thewarrenbuffettway.com]. Si vous désirez la version française de ce chiffrier simple et puissant, vous pouvez visiter [www.pierrelucpoulin.com] et consulter l'onglet « Buffett & Cie ».

57. Traduction libre d'*owner's earnings*, c'est-à-dire qu'une fois ajoutés les amortissements (qui ne sont pas des sorties réelles d'argent) et les dépenses en capital (qui sont des sorties réelles d'argent), il s'agit des flux de trésorerie officielle qui seraient disponibles théoriquement si une personne possédait la compagnie à 100 %. Si c'était le cas pour une propriété à 100 % d'une compagnie, le même raisonnement s'applique pour une compagnie vendu par actions en Bourse.

58. Ce scandale fait même l'objet d'une page dans Wikipédia : [http://en.wikipedia.org/wiki/Salad_Oil_Scandal].

59. [Source : http://www.businessinsider.com/the-great-salad-oil-scandal-of-1963-2013-11].

60. À cette époque, Buffett *transigeait* plus activement sur le marché. Son style d'« acheter et conserver » est apparu plus tard dans sa carrière. En ce qui concerne American Express, il s'est repris et possède une participation qui vaut aujourd'hui plus de 13,2 M$, ou 14 % de la compagnie.

61. *The Science of Hitting*, Ted Williams, Simon & Shuster, 1986, 96 p. Disponible sur Amazon : [http://www.amazon.com/The-Science-Hitting-Ted-Williams/dp/0671621033].

62. Si vous désirez voir ces zones, visitez le [http://tedwilliams.com/_data/hzone.htm].

63. *How to Pick Stocks Like Warren Buffett: Profiting from the Bargain Hunting Strategies of the World's Greatest Value Investor*, Timothy Vick, McGraw-Hill, 2000, p. 95.

64. Texte original : « My advice to the trustee couldn't be more simple: Put 10 % of the cash in short-term government bonds and 90 % in a very low-cost S&P 500 index fund. (I suggest Vanguard's.) I believe the trust's long-term results from this policy will be superior to those attained by most investors — whether pension funds, institutions or individuals — who employ high-fee managers. » Source : [http://www.berkshirehathaway.com/letters/2013ltr.pdf].

65. *Security Analysis*, Benjamin Graham, 1934.

66. Son discours a été transcrit et transformé dans un document par la Colombia Business School. Vous pouvez trouver l'original à cette adresse : [http://www4.gsb.columbia.edu/null ?&exclusive=filemgr.download&file_id=522].

67. [http://www.berkshirehathaway.com/letters/1994.html].

68. Jarislowsky, *op. cit.* p. 103.

69. *The Warren Buffett Portfolio: Mastering the Power of the Focus Investment Strategy*, Robert G. Hagstrom, John Wiley & Sons, Inc., 1999, 246 p. Je dirais que c'est le livre qui m'a le plus marqué parmi tous ceux que j'ai lus sur le sujet de l'investissement. Le concept est tellement simple, mais si peu répandu, encore aujourd'hui. La raison est assez simple : le *Focus Investing* fait en sorte que si un gestionnaire se trompe dans ses choix de titres, ses résultats seront pires que son groupe de comparaison par une grande marge et cela implique une potentielle perte d'emploi.

70. On pouvait la lire dans le journal *Les Affaires* (édition du 17 mai 2003). Je n'ai malheureusement pas été en mesure de le retrouver en ligne pour vous donner la source directe.

71. Traduction libre de : « Owning stocks is like having children – don't get involved with more than you can handle. The part-time stockpicker probably has time to follow 8-12 companies, and to buy and sell shares as conditions warrant. There don't have to be more than 5 companies in the portfolio at any one time. » [http://www.quotesonfinance.com/quote/61/Peter-Lynch-Owning-stocks-is-like-having-children-#.VC1ibr68UjE].

72. Le restaurant donne également 10 000 $ à la fondation chaque année où il reçoit l'événement. Considérant la publicité qu'il reçoit grâce à ce fameux *lunch*, c'est peu cher payé !

73. 120 mises ont été enregistrées, de 12 personnes différentes. Pour plus d'informations : [http://www.glide.org/WBPR201401].

74. Publié en septembre 2014 et disponible sur [amazon.com].

75. [http://www.washingtonpost.com/news/morning-mix/wp/2014/06/10/price-for-lunch-with-warren-buffet-2-2-million/].

76. Il y a même un article sur Wikipédia à propos de cette règle: [http://en.wikipedia.org/wiki/Buffett_Rule].

77. Source: *Fortune*, «Warren Buffett Gives it Away», par Carol Loomis, 17 juillet 2006, p. 58.

78. Les chiffres sont ajustés pour la division 50/1 qui a eu lieu en 2010. Au moment de l'annonce, les actions de catégorie B valaient 1/30 des actions de catégorie A. Aujourd'hui, elles valent 1/1 500 des actions de catégorie A.

79. [http://buffettscholarships.org].

80. [http://www.thehowardgbuffettfoundation.org].

81. [https://novofoundation.org].

82. [http://www.gatesfoundation.org].

83. Afin de visionner une entrevue exclusive qu'il a donnée à Charlie Rose, visitez le [http://www.charlierose.com/watch/50064709].

84. *Business Insider*. «We Love What Warren Buffett Says About Life, Luck, And Winning The "Ovarian Lottery"». [http://www.businessinsider.com/warren-buffett-on-the-ovarian-lottery-2013-12#ixzz3G9ciKAta].

BIBLIOGRAPHIE

Belsky, Gary, et Thomas Gilovich. *Pourquoi les gens intelligents font de graves erreurs financières : comment les éviter.* Montréal, Transcontinental, 2001, 199 p.

Brandes, Charles. *Value Investing Today*. 2e édition, New York, McGraw-Hill, 1998, 200 p.

Buffett, Mary, et David Clark. *Buffettology*, New York, Fireside, 1999, 320 p.

Buffett, Mary, et David Clark. *The Buffettology Workbook*, New York, Fireside, 2001, 190 p.

Buffett, Mary, et David Clark. *The Tao of Warren Buffett*, New York, Scribner, 2006, 174 p.

Buffett, Mary, et David Clark. *The Warren Buffett Stock Portfolio*, New York, Scribner, 2011, 225 p.

Buffett, Warren. *Rapports annuels de Berkshire Hathaway : Lettres aux actionnaires*. Omaha, de 1983 à 2013.

Buffett, Warren. *The Superinvestors of Graham-and-Doddsville*, Columbia Business School Magazine, 1984, 15 p.

Fisher, Philip A. *Actions ordinaires et profits extraordinaires*, Valor, 2000, 196 p.

Gosselin, André. *Lettre ouverte aux investisseurs irresponsables*, Montréal, Transcontinental, 2004, 218 p.

Graham, Benjamin. *The Intelligent Investor (édition révisée)*, New York, HarperBusiness Essentials, 1973 (édition originale publiée en 1949), 623 p.

Hagstrom, Robert G. Jr. *The Warren Buffett Way: Investment Strategies of the World's Greatest Investor, 3e édition,* New York, John Wiley & Sons, 2014, 281 p.

Hagstrom, Robert G. Jr. *The Warren Buffett Portfolio: Mastering the Power of the Focus Investment Strategy*, New York, John Wiley & Sons, 1999, 246 p.

Janjigian, Vahan. *Even Buffett Isn't Perfect: What You Can - and Can't - Learn from the World's Greatest Investor*, New York, Penguin, 2008, 237 p.

Jarislowsky, Stephen A. *Dans la jungle du placement*, Montréal, Transcontinental, 2005, 161 p.

Kilpatrick, Andy. *Of Permanent Value: The Story of Warren Buffett*, Andy Kilpatrick Publishing Empire, 2006, 1 682 p.

Loomis, Carol. *Tap Dancing to Work: Warren Buffett on practically everything, 1966 - 2013*, New York, Portfolio/Penguin, 2013, 348 p.

Lowe, Janet. *Warren Buffett Speaks: Wit and Wisdom from the World's Greatest Investor*, New York, John Wiley & Sons, 1997, 194 p.

Lowe, Janet. *The Man Who Beats the S&P ; Investing with Bill Miller.* New York, John Wiley & Sons, 2002, 262 p.

Lowenstein, Roger. *Buffett: The Making of an American Capitalist*, New York, Broadway Books, 1995, 475 p.

Lynch, Peter. *Beating the Street*, New York, Simon & Shuster, 1993, 318 p.

Neff, John. *John Neff on Investing with S.L. Mintz*, New York, John Wiley & Sons, 1999, 267 p.

Schroeder, Alice. *The Snowball: Warren Buffett and the Business of Life*, New York, Bantam, 2008.

Vick, Timothy. *How to Pick Stocks Like Warren Buffett*, New York, McGraw-Hill, 2001, 277 p.

POUR JOINDRE L'AUTEUR

Vous aurez deviné, à la lecture de ce livre, que je suis un passionné. J'aime partager ce que j'ai appris, et ce que j'ai appris de Buffett, plus particulièrement. Je suis disponible pour donner des conférences (de 60 à 70 minutes) ainsi que des sessions de cours (5 heures, avec ou sans UFC) à travers le Québec. Voici les coordonnées pour me joindre facilement :

info@pierrelucpoulin.com

1 877 PIER-LUC (743-7582)

www.pierrelucpoulin.com

CONCERNANT *BUFFETT ET Cie* ET LES UFC

Si vous êtes conseiller ou planificateur financier et que vous désirez obtenir 5 UFC en épargne collective, vous pouvez vous inscrire en ligne afin de recevoir un test d'évaluation qui est en rapport avec ce livre et également considéré comme un cours à distance. Rendez-vous simplement sur mon site (pierrelucpoulin.com), et cliquez sur la section « Formateur ».

MARQUIS

Québec, Canada

RECYCLÉ
Papier fait à partir de matériaux recyclés
FSC® C103567
FSC www.fsc.org

Imprimé sur du papier Enviro 100% postconsommation traité sans chlore, accrédité ÉcoLogo et fait à partir de biogaz.

CHOIX ENVIRONNEMENTAL · ENVIRONMENTAL CHOICE

PROCESSED CHLORINE FREE · PROCÉDÉ SANS CHLORE

100%

PERMANENT

BIO GAZ ÉNERGIE